Napoléon

Dans la collection Eyrolles Pratique

- *L'hindouisme*, Alexandre Astier
- *Petite histoire de l'Inde*, Alexandre Astier
- *Les maîtres spirituels de l'hindouisme*, Alexandre Astier
- *Communiquer en arabe maghrébin*, Yasmina Bassaïne et Dimitri Kijek
- *Le Coran*, Ghaled Bencheikh
- *QCM de culture générale*, Pierre Biélande
- *La géopolitique*, Pascal Boniface
- *Le christianisme*, Claude-Henry du Bord
- *Marx et le marxisme*, Jean-Yves Calvez
- *Comprendre le catholicisme*, Jean-Yves Calvez, Philippe Lécrivain
- *Comprendre l'ésotérisme*, Jean-Marc Font
- *Le rugby*, Pierre-François Glaymann
- *Citations de culture générale expliquées*, Jean-François Guédon et Hélène Sorez
- *Psychologie de base*, Ghéorghiï Grigorieff
- *QCM Histoire de France*, Nathan Grigorieff
- *Citations latines expliquées*, Nathan Grigorieff
- *Philo de base*, Vladimir Grigorieff
- *Religions du monde entier*, Vladimir Grigorieff
- *Les philosophies orientales*, Vladimir Grigorieff
- *La Torah*, Philippe Haddad
- *La philosophie juive*, Marc Israel
- *Comprendre les crises financières*, Olivier Lacoste
- *Découvrir la psychanalyse*, Édith Lecourt
- *Citations littéraires expliquées*, Valérie Le Boursicaud-Podetti
- *Einstein*, Guy Louis-Gavet
- *La physique quantique*, Guy Louis-Gavet
- *L'islam*, Quentin Ludwig
- *Le judaïsme*, Quentin Ludwig
- *La Kabbale*, Quentin Ludwig
- *Le bouddhisme*, Quentin Ludwig
- *Histoire du Moyen Âge*, Madeleine Michaux
- *Histoire de la Renaissance*, Marie-Anne Michaux
- *Les mots-clés de la géographie*, Madeleine Michaux
- *Découvrir la philosophie antique*, Cyril Morana et Eric Oudin
- *Chopin*, Sylvie Oussenko
- *Schumann*, Sylvie Oussenko
- *La Bible*, Christine Pellistrandi et Henry de Villefranche
- *Les présidents de 1870 à nos jours*, Raphaël Piastra
- *La franc-maçonnerie*, Alain Quéruel
- *Citations philosophiques expliquées*, Florence Perrin et Alexis Rosenbaum
- *200 femmes de l'histoire*, Yannick Resch
- *Citations artistiques expliquées*, Michèle Ressi
- *Citations historiques expliquées*, Jean-Paul Roig
- *Histoire du XXème siècle*, Dominique Sarciaux
- *Luther et la Réforme protestante*, Annick Sibué
- *QCM d'économie*, Marion Stuchlik et Jean-François Guédon
- *QCM Histoire de l'art*, David Thomisse
- *Le protestantisme*, Geoffroy de Turckheim
- *Le chant grégorien*, Jacques Viret
- *Petite histoire de la Chine*, Xavier Walter

Walter Bruyère-Ostells

Napoléon

EYROLLES

Éditions Eyrolles
61, bd Saint-Germain
75240 Paris Cedex 05
www.editions-eyrolles.com

Mise en pages : Istria

Ouvrage dirigé par Bernard Giovanangeli

ISBN : 978-2-212-55326-0

Sommaire

Introduction

« Au commencement de ce siècle, la France était pour les nations un magnifique spectacle. Un homme la remplissait alors et la faisait si grande qu'elle remplissait l'Europe. Cet homme, sorti de l'ombre, était arrivé en peu d'années à la plus haute royauté qui ait jamais peut-être étonné l'Histoire. Une révolution l'avait enfanté, un peuple l'avait choisi, un pape l'avait couronné. Il avait effacé les Alpes comme Charlemagne et les Pyrénées comme Louis XIV ; il avait construit son État au centre de l'Europe comme une citadelle, lui donnant pour bastions avancés dix monarchies qu'il avait fait entrer à la fois dans son empire et dans sa famille. Tout dans cet homme était démesuré et splendide. Il était au-dessus de l'Europe comme une vision extraordinaire. » Tel est le discours que choisit de prononcer Victor Hugo pour son entrée à l'Académie française. Ce grand homme dont il parle, c'est Napoléon Bonaparte. Pourtant, rien ne préfigurait ce destin extraordinaire.

Le 15 mai 1768, Gênes cède ses droits sur la Corse à Louis XV. Près d'un an plus tard, le chef de l'insurrection anti-française, Pascal Paoli, est vaincu à Ponte-Novo et doit s'exiler. Le 15 août 1769, lorsqu'il naît à Ajaccio, Napoléon Bonaparte est donc français. Son père, Charles, est issu de la petite noblesse insulaire et s'est montré favorable au parti français. La fortune familiale les place parmi les plus aisés d'Ajaccio mais ne leur permet guère de tenir leur rang parmi l'aristocratie du continent. Cela devient d'autant plus compliqué que la famille Bonaparte s'agrandit régulièrement. Après Joseph et Napoléon, viennent Lucien, Elisa, Louis, Pauline, Caroline et Jérôme.

Napoléon a appris à lire et parle un peu l'italien. Charles sollicite de son protecteur, le gouverneur de l'île, des bourses pour l'éducation de ses enfants. Les aînés, Joseph et Napoléon, entrent au collège d'Autun en 1778. En quelques mois, Napoléon y apprend suffisamment de français pour pouvoir l'écrire. Napoléon reçoit alors l'autorisation de poursuivre ses études au collège militaire de Brienne afin de devenir officier du roi. Le jeune Corse entre dans cet établissement en mars 1779 et y passe cinq années. Élève moyen, le garçon montre cependant certaines aptitudes en mathématiques. Révèle-t-il également un talent très précoce de stratège lors d'une partie de boules de neige dans la cour ? Il semble bien que l'anecdote ait été forgée par son condisciple et futur secrétaire particulier, Bourrienne.

Nostalgique de son île natale, Napoléon est assez solitaire et volontiers morose. Comme ses camarades raillent son accent corse et ses nombreuses fautes de français, il prend rapidement la mouche. Cependant, admis à l'École militaire de Paris, il quitte Brienne en octobre 1784 pour la capitale. C'est là qu'il apprend la mort précoce de son père, Charles. Un an plus tard, classé quarante-deuxième sur cinquante-huit, il est affecté dans un régiment d'artillerie stationné à Valence. Le jeune officier y passe de longues heures à lire et à écrire, sa passion pour son île natale encore chevillée au cœur. Ainsi se lance-t-il dans une *Histoire de Corse* dont le ton ne laisse pas de doute sur son hostilité à la mainmise française. D'ailleurs, Napoléon multiplie les séjours sur l'île. Son régiment envoyé à Auxonne, le jeune Corse rejoint sa nouvelle garnison en mai 1788. Il y reprend ses habitudes de lecture et d'écriture et nourrit une admiration de plus en plus nette pour Paoli, même s'il n'a encore jamais eu l'opportunité de le rencontrer.

Ainsi, à partir de 1789, Bonaparte porte-t-il une grande attention au développement des idées révolutionnaires sur le continent. Il exprime alors davantage de sympathie pour les idées nouvelles que pour les officiers aristocrates auxquels il appartient. En réalité, son adhésion de plus en franche à la Révolution passe par son extension en Corse. Le jeune Napoléon envisage d'en être un acteur majeur. Rentré dans son île dès l'été 1789, il est élu lieutenant-colonel en second de la Garde nationale. Toutefois, la Corse demeure largement contrôlée par le parti royaliste. Comme Bonaparte, les patriotes souhaitent faire de Paoli le chef de leur faction. C'est pourquoi celui-ci reçoit un accueil triomphal à son retour à l'été 1790. Le meneur indépendantiste rend hommage aux idées révolutionnaires qui, pour lui, vont permettre de développer une autonomie de l'île.

En 1790, Napoléon envoie une lettre à son idole : « *Je naquis quand la nation périssait. Trente mille Français vomis sur nos côtes, noyant le trône de la liberté dans les flots de sang, tel fut le spectacle odieux qui vint le premier frapper mes regards [...]. Vous quittâtes notre île et avec vous disparut l'espérance du bonheur, l'esclavage fut le prix de notre soumission.* » Le jeune homme voit son avenir en Corse. C'est le lien entre cause paoliste et jacobinisme qui le pousse à prendre comme référence les révolutionnaires les plus avancés. De 1791 à 1793, Bonaparte est partagé entre sa solde qui le ramène dans son régiment d'artillerie et ses ambitions corses. Toutefois, l'ardeur du jeune Bonaparte va à contre-courant du conservatisme du vieux Paoli. Les rapports entre Napoléon et son idole sont désormais tendus car Paoli se montre de plus en plus proche des contre-révolutionnaires de l'île. En 1793, celui-ci est soupçonné de séparatisme par Paris. Ironie de l'histoire, c'est Lucien, jeune frère de Napoléon, qui aurait dénoncé le meneur corse à la société populaire de Toulon. Déjà âprement combattu par les royalistes d'Ajaccio, désormais en butte aux rancœurs des paolistes, Napoléon doit fuir sa ville natale. Les biens des Bonaparte sont saccagés et l'ensemble de la famille quitte l'île pour s'installer à Toulon en juin 1793.

Dès son enfance corse, son frère Lucien dit avoir « *toujours démêlé dans Napoleone une ambition pas tout à fait égoïste mais qui surpasse en lui son amour pour le bien public* ». Après avoir concilié jacobinisme et projets corses, le jeune Bonaparte doit renoncer aux seconds. Son avenir ne peut plus se construire sur l'île, lui restent seulement les attaches qu'il a commencé à construire dans le parti qu'incarne Maximilien Robespierre à Paris. La vie de Napoléon Bonaparte qui le mènera aux sommets magnifiés par Victor Hugo connaît son premier rebondissement. Les aléas politiques et les perspectives militaires offertes par la Révolution française vont ensuite muer ce destin insulaire vers de hautes ambitions continentales.

Partie 1

L'homme de la Révolution

Chapitre 1

Un capitaine, Robespierre

Avant même sa rupture définitive avec la Corse et les paolistes, le jeune Napoléon a donné des gages de son engagement en faveur de la France révolutionnaire. Dès le 19 juillet 1789, le lieutenant Bonaparte dirige la répression contre une émeute à Auxonne où est stationné son régiment. S'il manifeste dès cette époque une certaine méfiance pour la « populace », Bonaparte a cependant montré une grande satisfaction à la nouvelle du 14 juillet.

Premiers succès dans le Midi

Le retour à Valence

Le 15 juin 1791, le jeune officier reprend le chemin de Valence : il vient d'être nommé lieutenant en premier au 4e régiment d'artillerie. Très rapidement, Bonaparte reprend les habitudes qui étaient les siennes lors de son premier séjour. Il confie son jeune frère Louis, qu'il a pris en charge, à sa logeuse. Il suit avec grande attention les événements parisiens en lisant les gazettes révolutionnaires de la capitale. Il partage ainsi sa colère avec ses canonniers à la nouvelle de la fuite de la famille royale à Varennes, le 20 juin. En effet, Bonaparte affiche son adhésion aux idées révolutionnaires dans sa ville de garnison. Comme il est demandé à tous les officiers, il signe, quelques jours plus tard, le serment de fidélité à la nouvelle Constitution. Il est également un membre actif du club des Amis de la Constitution, affilié aux jacobins. Il en devient même brièvement le président.

Un officier de plume

Cette période de la vie de Napoléon est particulièrement empreinte des Lumières qui ont baigné son éducation. Dans leur lignée mais aussi conformément à la pratique des acteurs de la Révolution, le petit Corse rédige plusieurs œuvres dans des domaines très variés, de l'essai philosophique (*Dialogue sur l'amour*), historique ou politique (*Lettre à Matteo Buttafoco*, publiée en 1791) au manuel technique en passant par des nouvelles (*Le masque prophète*) et des romans (*Eugénie et Clisson*)[1]. Il participe ainsi en 1791 au concours ouvert par l'académie de Lyon sur l'éducation à délivrer aux hommes pour les mettre sur le chemin du bonheur. Le discours de Bonaparte condamne sans appel la monarchie absolue et s'inspire des idées rousseauistes érigées en modèles : « *Ô Rousseau, pourquoi faut-il que tu n'aies vécu que soixante ans ! Pour l'intérêt de la vertu, tu eusses dû être immortel !* » Derrière son style ampoulé perce pourtant déjà le talent de la formule et une ambition qui ne dit pas encore son nom : « *Les hommes de génie sont des météorites destinées à éclairer leur siècle.* » Mais l'œuvre qui exprime le mieux l'idéal politique du jeune officier est le *Souper de Beaucaire*. Même si le pamphlet est imprimé, il ne connaît aucun écho à l'époque. Par ailleurs, aucun document ne vient accréditer sa date et son lieu de rédaction réels. Seule la tradition veut que ce soit effectivement à Beaucaire qu'il ait été écrit, le 19 juillet 1793.

Le *Souper de Beaucaire*

Bonaparte aurait dîné dans une auberge avec quatre marchands venus pour la foire. Inspiré par la conversation tenue à table, le jeune officier corse aurait écrit dans la nuit le *Souper de Beaucaire*. Le texte met en scène un Nîmois, un fabricant de Montpellier, un fédéraliste marseillais et un militaire. Traduisant les opinions de Bonaparte, ce dernier répond au Marseillais par un argumentaire très jacobin. Après un face-à-face tendu, la discussion s'achève par la réconciliation des protagonistes.

1. Voir la réédition présentée par Patrick Rambaud des principales œuvres de jeunesse de Napoléon Bonaparte, *Le masque prophète*, Paris, L'esprit du temps, 2011, 104 pages.

À l'armée du Midi

Entre-temps, les allers-retours incessants vers la Corse ont valu à Bonaparte d'être rayé des cadres de son régiment. Sans emploi, il vit à Paris dans un état proche de la misère. Il assiste à la prise des Tuileries le 10 août 1792 sans y jouer de rôle actif. Au contraire, il semble que les assauts lancés par les Parisiens contre le palais, refuge de la famille royale, aient renforcé sa profonde méfiance pour les mouvements populaires. Réintégré dans l'armée, c'est au cours de cette période que Bonaparte obtient son brevet de capitaine. Lors de son ultime séjour corse, d'où il prend part à une expédition avortée contre la Sardaigne, survient la rupture de Paoli avec la Convention. Désormais installé sur le continent, Bonaparte rejoint l'armée du Midi chargée d'écraser les soulèvements fédéralistes. Une fois la ville de Marseille reconquise, les forces de la République se présentent devant Toulon. Les notables de la ville ont livré cette dernière à la flotte anglaise en échange de sa protection. L'armée républicaine prend position devant Toulon le 16 septembre. Mais les tentatives pour déloger les Anglais s'avèrent infructueuses.

Un plan incompris

Grâce à la bienveillance du jacobin corse Saliceti et de Robespierre le Jeune, Bonaparte prend la tête de l'artillerie de l'armée de siège du général Carteaux. Le capitaine est persuadé que la prise des fortins de l'Éguillette et de Balaguier rendrait Toulon aux Français. Situés sur la colline du Caire, elles protègent la passe entre la petite et la grande rade. Leur perte bloquerait les Anglais dans le port et couperait le ravitaillement indispensable aux assiégés. Peu convaincu par les arguments de ce jeune officier, le général Carteaux lance pourtant une attaque mal préparée contre ces positions le 22 septembre. Elle a pour unique résultat la prise de conscience anglaise de l'importance de ce verrou. Les Britanniques agrandissent leur système de défense et couronnent leur nouveau dispositif d'un fort supplémentaire. Jugé imprenable, l'ensemble prend le surnom de Petit-Gibraltar. Mais Bonaparte s'obstine, déploie en face son artillerie et obtient le grade de chef de bataillon le 19 octobre 1793.

La prise de Toulon

Ce fait d'armes est souvent présenté comme l'illustration du génie tactique napoléonien. D'un coup d'œil, le capitaine d'artillerie aurait saisi l'enjeu des fortins de la colline du Caire. En réalité, si ce siège montre le talent du chef militaire, c'est par le long travail d'observation de Bonaparte. À chacun de ses passages, en attendant le bateau pour Ajaccio, le jeune officier occupait son temps à détailler le système de fortification du port.

La prise de Toulon

Arrivé le 16 novembre devant Toulon, le nouveau commandant en chef, le général Dugommier, manifeste beaucoup plus d'intérêt que son prédécesseur pour le plan présenté par Bonaparte. Celui-ci montre alors ses grandes qualités de tacticien mais aussi de meneur d'hommes. Par sa proximité, il motive ses artilleurs. Chaque groupe reçoit un surnom flatteur : « *la batterie des hommes sans peur* », « *la batterie des sans-culottes* »... Face au dispositif français, les Anglais tentent une offensive contre la « *batterie de la Convention* » mais sont repoussés. L'attaque française est finalement préparée par l'artillerie du jeune officier à partir du 11 décembre. Le 16, en fin de soirée, l'assaut est lancé et les combats durent toute la nuit. Le lendemain, les Français s'emparent de la redoute. Au cours de l'assaut, Bonaparte a été blessé à la cuisse. Les Anglais quittent le port en hâte avant que l'artillerie française ne puisse ouvrir le feu sur leurs vaisseaux. Le 18, la ville est à nouveau aux mains de la République. La prise de Toulon est l'occasion pour le capitaine Bonaparte de nouer amitié avec d'autres officiers talentueux de sa génération, comme Desaix, Suchet ou Junot. Il se lie plus particulièrement avec Muiron qui sera tué en le protégeant à Arcole. Surtout, elle lance sa carrière militaire : « *Là le prendra l'Histoire pour ne plus le quitter, là commence son immortalité* », écrira avec emphase Las Cases à Sainte-Hélène. Toujours grâce aux soins de Robespierre le Jeune, Bonaparte reçoit son brevet de général de brigade le 22 décembre.

À l'armée d'Italie

Désormais affecté au commandement de l'artillerie de l'armée d'Italie, Bonaparte mène des opérations dans la vallée de la Roya et mûrit ses conceptions tactiques. Il esquisse un plan pour une campagne au-delà des Alpes et le soumet au Comité de salut public. Toutefois, le stratège de la Convention, Carnot, préconise en priorité une attaque contre l'Espagne. Par ailleurs, la chute de l'Incorruptible le 9 Thermidor vient mettre fin à sa rapide ascension politique. Identifié comme robespierriste, Bonaparte est mis aux arrêts le 9 août avant d'être relâché le 20. À nouveau rayé des cadres de son régiment, il rejoint pourtant le général en chef de l'armée d'Italie, avec l'intention de lui soumettre un nouveau plan d'attaque en Piémont. En réalité, ce sont les Autrichiens qui se trouvent en position d'offensive en ce mois de septembre 1794. Bonaparte conseille le commandant de l'armée française qui repousse l'ennemi au combat de Cairo le 21. Pourtant, dans son rapport à la Convention, celui-ci passe sous silence l'aide que lui a apportée le jeune Corse.

Bonaparte et les Robespierre

Le nouveau général éprouve une vive admiration pour le frère cadet de Robespierre qui l'a pris sous son aile. Les deux hommes affichent une grande amitié à Nice. Au Comité de salut public, les plans d'invasion de Bonaparte obtiennent également le soutien de l'Incorruptible. Admirateur du chef politique parisien, le général semble persuadé qu'il va mettre fin au processus révolutionnaire. Telle est notamment l'analyse qu'il donnera à Sainte-Hélène[2].

Un amour de jeunesse

C'est également à cette période que Bonaparte se fiance à Désirée Clary. Il la décrit sous les traits de l'héroïne de son roman *Eugénie et Clisson* dans lequel il use du second prénom de la jeune femme : « *Eugénie avait*

2. Nous renvoyons ici à l'édition de Las Cases E. de, *Mémorial de Sainte-Hélène*, Paris, Gallimard, « La Pléiade », 1935, 2 vol. (extrait volume 1, p. 212-213 dans lequel Napoléon appuie son opinion sur des lettres de l'Incorruptible que lui aurait montrées Robespierre le Jeune à Nice).

[...] de jolis yeux, une taille ordinaire. Sans être laide, elle n'était pas une beauté mais la bonté, la douceur, une tendresse vive lui appartenaient essentiellement. »

Désirée Clary

Napoléon rencontre cette jeune femme de 16 ans, sœur de l'épouse de son frère Joseph, en 1794. Il se fiance avec elle le 21 avril 1795. Mais l'hostilité des Clary, riche famille de négociants marseillais, à voir un second Bonaparte entrer dans la famille et la rencontre ultérieure de Joséphine amène l'officier corse à renoncer à cette union. Désirée épousera finalement en 1798 Bernadotte, qui fera ainsi d'elle la future reine de Suède.

Le « général de Paris[3] »

À nouveau rayé des cadres de son régiment, Bonaparte refuse d'être affecté en Vendée. Ce poste lui paraît beaucoup trop compromettant.

Officier sans le sou

Il monte donc à Paris réclamer un emploi en Provence. L'ancien jacobin se heurte à la méfiance des thermidoriens. À nouveau, il erre dans Paris et doit chercher de nouveaux moyens de subsistance. C'est à ce moment que la future duchesse d'Abrantès en dresse le portrait passé à la postérité : « *Napoléon était si laid ; il se soignait si peu que ses cheveux mal peignés, mal poudrés lui donnaient un aspect désagréable [...] ayant mauvais chapeau rond, enfoncé sur les yeux et laissant échapper ses deux oreilles de chien qui retombaient sur la redingote, les mains longues, maigres et noires, sans gants parce que, disait-il, c'était une dépense inutile [...]. Tout cet ensemble maladif résultait de sa maigreur, de son teint jaune.* »

3. Surnom qui sera donné à Bonaparte au lendemain de la répression de Vendémiaire.

Les thermidoriens

On appelle ainsi les députés de la Convention qui font chuter Robespierre en juillet 1794. À la tête de la Révolution, ce groupe cherche ensuite à la stabiliser sous la forme d'une république modérée qui s'appuierait sur les notables.

Le général Vendémiaire

Dans le même temps, la Convention prépare une nouvelle Constitution. La transition s'avère difficile face aux émeutes de la faim et à la résurgence de l'opposition royaliste. Commandant en chef de l'armée de l'Intérieur, le thermidorien Barras est chargé de réprimer un soulèvement le 13 vendémiaire an IV (5 octobre 1795). Des royalistes marchent sur les Tuileries où siège la Convention. Barras pense alors à Bonaparte, qui lui réclame sans cesse de l'emploi. Depuis qu'il l'a vu à la manœuvre à Toulon, il en connaît la valeur. Or il a des doutes sur ses propres capacités militaires. Barras fait donc appel aux services du jeune général. Aucun document ne confirme qu'il souhaite lui confier le commandement en second ; la seule pièce qui atteste de la nomination émane du Comité de salut public : « *Le général Bonaparte sera employé dans l'armée de l'Intérieur sous les ordres du représentant du peuple Barras.* » Toutefois, il semble que le dispositif pour protéger la Convention ait bien été conçu et mis en œuvre par Bonaparte. Alors qu'il ne peut compter que sur 5 000 à 6 000 hommes pour assurer la défense du gouvernement face à 25 000 insurgés, celui-ci distribue énergiquement ses ordres. Il envoie notamment un chef d'escadron du 21e chasseurs nommé Murat chercher des canons au camp des Sablons. Ils sont placés au bout de toutes les avenues qui mènent aux Tuileries. Dépourvus d'artillerie, les insurgés refluent devant les forces déployées par le jeune général.

La mitraillade de Saint-Roch

Cet épisode demeure une « image d'Épinal » de la répression menée par Bonaparte contre les sections soulevées le 13 vendémiaire. Jacques Godechot puis Jean Tulard ont rendu compte de l'aspect mythique de cette canonnade. En revanche, les royalistes sont bien délogés des marches de l'église et dispersés par les forces de la Convention.

Une popularité croissante

Au lendemain de l'insurrection, Bonaparte figure parmi les sauveurs de la République. Bon observateur, Fain résume le sentiment général : « *On se demande d'où il vient, ce qu'il était, par quels services antérieurs il s'est recommandé.* » Avant d'ajouter : « *Son extérieur n'avait rien d'imposant, n'était la fierté du regard.* » En récompense, Bonaparte est placé à la tête de l'armée de l'Intérieur le 26 octobre, en lieu et place de Barras qui devient l'un des cinq premiers Directeurs. Moins d'un mois auparavant, la Constitution de l'An V a, en effet, instauré le Directoire. Le « général Vendémiaire » occupe désormais un poste politiquement stratégique. Il dissout la Garde nationale à l'origine du soulèvement et met sur pied une légion de police pour la remplacer. Le nouvel homme fort de Paris écarte les royalistes mais frappe aussi le camp jacobin. Il doit également gérer les tensions liées à la disette qui touche la capitale, comme le montre l'anecdote rapportée dans le *Mémorial de Sainte-Hélène*. Une grosse femme interpelle Bonaparte entouré de son état-major : « *Tous ces tas d'épauletiers se moquent de nous, pourvu qu'ils mangent et qu'ils s'engraissent bien, il leur est fort égal que le pauvre peuple meure de faim.* » Elle s'attire alors la repartie du jeune général : « *La bonne, regarde-moi bien. Quel est le plus gras de nous deux ?* » En réalité, plus que la gestion sensible de l'agitation parisienne, les ambitions de Bonaparte le portent vers un grand commandement militaire. Il sollicite d'être placé à la tête de l'armée d'Italie.

Chapitre 2

L'Italie, naissance d'un stratège

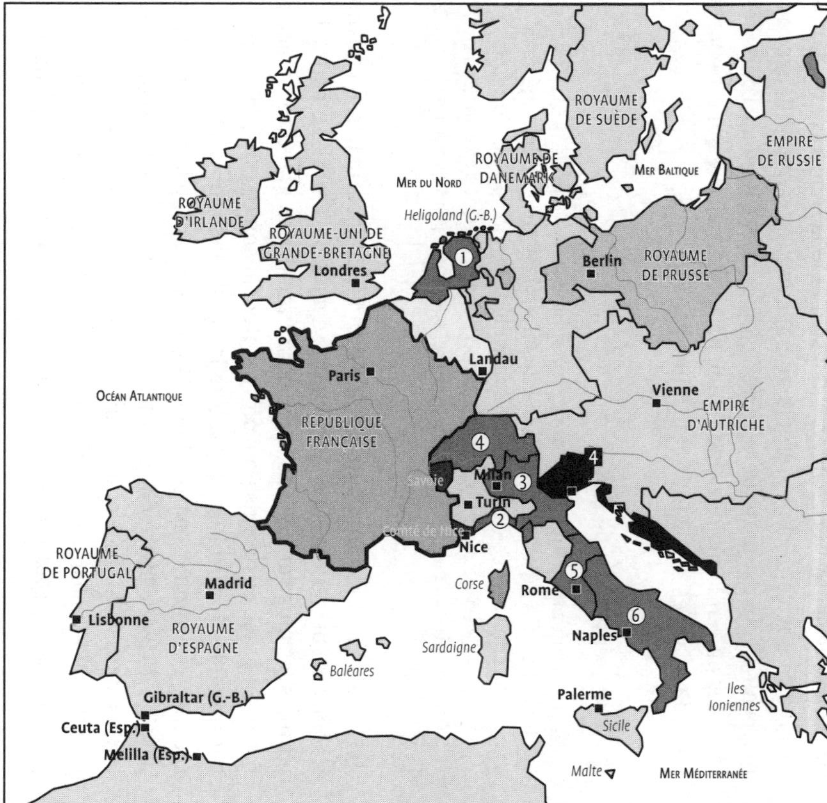

LA FRANCE EN 1795-1799

Limites de la France en 1797

Régions occupées par la France en 1792 et annexées en 1795 (traité de Paris)

Traité de Campo Formio (18 octobre 1797) 4

conquêtes ou annexions reconnues à la France

parties du territoire de Venise acquises par l'Autriche

Les Républiques sœurs

1795 ① République batave
1797 ② République ligurienne
③ République cisalpine
1798 ④ République helvétique
⑤ République romaine
1799 ⑥ République parthénopéenne

Toulon et vendémiaire ont sorti Bonaparte de l'anonymat. Il fait désormais partie de ces jeunes officiers en vue qui gravitent autour de Barras.

Dans l'attente du grand commandement

Bonaparte et Joséphine

Dans l'entourage de son protecteur, Bonaparte fait la rencontre de la veuve d'un général guillotiné en 1794, Rose de Beauharnais. Mère de deux enfants de 13 et 11 ans, Hortense et Eugène, elle échappe alors de peu à l'exécution. Belle, Rose sait jouer de son charme créole et devient l'une de ces « Merveilleuses » qui anime les fêtes parisiennes des nouvelles élites dirigeantes. Elle est même la maîtresse de Barras jusqu'à ce que celui-ci ne s'en éloigne. Instinct de survie ? Capacité à percevoir le charisme de Bonaparte ? Toujours est-il qu'au cours des journées de vendémiaire, se noue une liaison entre celle qui est encore l'une des « amies » de Barras et le jeune général.

Une première visite

Vers le milieu du mois d'octobre, Joséphine se rend pour la première fois chez Bonaparte. Elle vient officiellement remercier le général en chef de l'armée d'Intérieur pour avoir autorisé son fils, Eugène, à conserver en souvenir le sabre de son père. En effet, tout particulier doit restituer les armes en sa possession sous peine de mort.

Cette liaison correspond à un double intérêt. Bonaparte pense pouvoir s'appuyer sur cette veuve aristocrate, égérie de Barras et parmi les femmes les plus connues de Paris, pour obtenir son grand commandement. En passe de ne plus pouvoir compter sur son charme, totalement désargentée, Rose voit en Bonaparte la possibilité d'un avenir en toute sécurité et en toute respectabilité. Âgée de 33 ans, elle s'amuse de la passion du jeune officier de six ans son cadet. Il lui écrit de nombreuses lettres dans son style emphatique mais plein de réels sentiments : « *Je me réveille plein de toi. Ton portrait et l'enivrante soirée d'hier n'ont point laissé de repos à mes sens. Douce et incomparable Joséphine, quel effet bizarre faites-vous sur mon cœur ?* » En effet, Bonaparte a décidé d'appeler Rose de son second prénom, Joseph, féminisé. Très rapidement, l'idée d'un mariage des deux amants prend forme. Les bans sont publiés en février 1796 et le 9 mars, à la mairie du IIe arrondissement, Rose de Beauharnais devient Joséphine Bonaparte. Cette union rapide s'explique, il est vrai, par la nomination du général Bonaparte à la tête de l'armée d'Italie qu'il rejoint dès le surlendemain de la cérémonie.

Un plan mûrement réfléchi

En effet, Bonaparte a réussi à emporter l'adhésion des Directeurs. La guerre continentale semble sans issue. Le nouveau commandant de l'armée d'Italie prône depuis plusieurs mois l'offensive sur le point faible de la coalition : l'Italie. Carnot donne son assentiment et établit la stratégie de la République. Trois armées vont marcher simultanément sur Vienne. À la tête de 80 000 hommes, Jourdan empruntera la vallée du Main ; avec une force équivalente, Moreau descendra le cours du Danube. Enfin Bonaparte obtient de pouvoir marcher à travers la plaine du Pô. Son attaque est conçue comme une diversion pendant que les deux autres corps mènent l'offensive principale sur le théâtre allemand.

Le 27 mars, Bonaparte arrive à Nice où est établi l'état-major des troupes. Celui qui n'est perçu par des généraux expérimentés que comme un sabreur de royalistes, un Corse arriviste, séduit rapidement les officiers généraux placés sous ses ordres. Ainsi Augereau rapporte-t-il : « *Ce petit bougre m'a fait peur et je ne puis comprendre l'ascendant dont je me suis senti écrasé au premier coup d'œil.* »

« Soldats, vous êtes nus, mal nourris »

Face aux 70 000 hommes des forces austro-sardes chargées de barrer la route aux Français sur le versant italien des Alpes, Bonaparte peut compter sur 30 000 soldats de la République. Ce sont des paysans ou de modestes artisans des départements du Sud-Est. Patriotes engagés volontaires ou victimes de la crise économique et sociale, ils forment une troupe qui a appris l'art de la petite guerre mais bien peu du combat en ligne. Travaillés par la propagande des commissaires de la République, ils ont développé un esprit profondément républicain[4]. Leur nouveau commandant en chef poursuit le travail en affirmant à ses soldats : « *Vous n'avez ni souliers, ni habits, ni pain et nos magasins sont vides : ceux de l'ennemi qui prétend bientôt écraser notre jeune République regorgent de tout. Je vais vous conduire dans les plaines les plus fertiles du monde et vous y trouverez honneur, gloire et richesse.* » En réalité, ce texte, forgé à Sainte-Hélène, résume les formules employées dans de nombreuses proclamations aux troupes avant l'offensive.

L'homme a depuis longtemps mûri son plan. Il expliquera plus tard à Sainte-Hélène qu'« *en pénétrant en Italie par les sources de la Bormida, on pouvait se flatter de séparer et de désunir les armées sarde et autrichienne, puisque de là on menaçait également la Lombardie et le Piémont. On pouvait marcher sur Milan comme sur Turin. Les Piémontais avaient intérêt à couvrir Turin et les Autrichiens à couvrir Milan* ». Bonaparte envisage une manœuvre pour pouvoir enfoncer son armée comme un coin entre les forces autrichienne et sarde.

Premier envol d'un Aigle

La victoire sur les Piémontais

Le général français marche vers l'Italie avec une artillerie très réduite (quarante pièces de canon) et une cavalerie quasi inexistante. Afin de tromper l'ennemi, il demande un droit de passage pour ses troupes à Gênes qui répercute l'information auprès des Autrichiens. Ceux-ci s'échelonnent le long de la côte pour pouvoir harceler les colonnes de la Grande Nation censées progresser sur le littoral. Pendant ce temps, Bonaparte traverse les Alpes plus au nord pour venir anéantir les différentes troupes grâce à la supériorité numérique qu'il obtient ainsi.

Grâce à cette stratégie, il remporte au début du mois d'avril les victoires de Montenotte, Millesimo, Dego, Cosseria et Ceva. Les armées piémontaise et autrichienne sont désormais séparées. Bonaparte concentre

4. Gilles Candela, *L'armée d'Italie. Des missionnaires armés à la naissance de la guerre napoléonienne*, Rennes, PUR, 2011, 402 pages.

ensuite les forces à sa disposition pour affronter les Piémontais qu'il écrase à Mondovi. Le 28 avril, Turin signe l'armistice de Cherasco qui lui impose de quitter la première coalition, de livrer des places fortes à la France dans le piémont alpin, de lui laisser la libre circulation des troupes à travers son royaume et de lui fournir vivres et munitions. Son ravitaillement désormais assuré, Bonaparte peut envisager avec plus de sérénité de déloger l'armée autrichienne. L'ennemi s'est réorganisé et s'est retranché derrière le Pô pour défendre la Lombardie.

Milan : une étape décisive

Le général français contourne l'ennemi pour traverser le Pô près de Plaisance puis marche sur les arrières des Autrichiens. Ceux-ci reculent en toute hâte, abandonnant le Milanais à Bonaparte. Ils passent l'Adda à Lodi où le commandant en chef de l'armée d'Italie les rejoint pour une nouvelle victoire. Après avoir empêché les sapeurs autrichiens de faire sauter le pont en disposant rapidement son artillerie sur la rive, Bonaparte envoie deux détachements franchir la rivière à gué de part et d'autre du pont de Lodi. Vers 18 heures, il ordonne aux fantassins de le franchir. Épuisés par six heures de marche imposée par leur chef pour venir au contact des Autrichiens, ces soldats hésitent à s'élancer sur le pont à découvert. Les premiers à progresser tombent sous le feu ennemi quand les officiers, Masséna et Berthier notamment, s'avancent à leur tour. La charge simultanée de cavaliers passés à gué sur la droite ennemie force les Autrichiens à la retraite.

Aux lendemains de la victoire, Milan accueille le général français en libérateur. Une petite Cour s'organise rapidement autour de lui et de Joséphine qui, à sa demande pressante, a fini par le rejoindre. Mme Bonaparte n'est cependant pas fidèle à son époux. Elle a même emmené avec elle son bel amant, le lieutenant Hippolyte Charles. Malgré ses déboires privés, Bonaparte a changé de dimension. Il confiera d'ailleurs plus tard : « *Après Lodi, je me regardais non plus comme un simple général mais comme un homme appelé à influer sur le sort d'un peuple.* » Parmi les notables, des patriotes sont placés à la tête de la municipalité, offrant ainsi une vitrine des idées françaises pour la péninsule. Bonaparte impose également ses vues au Directoire. Il refuse de partager le commandement dans la péninsule avec Kellermann que Carnot souhaiterait placer à la tête de la défense du Piémont. Tandis qu'il fait plier Paris par la menace d'une démission, Bonaparte amène à la table des négociations les ducs de Modène et de Parme, amorçant ainsi la future Italie du Nord française. Comme les armées du Rhin ne sont pas encore entrées en Allemagne, le général de l'armée d'Italie réclame des renforts à Paris. Une progression rapide vers l'Autriche est alors trop risquée.

Mantoue : l'attente stratégique

Bonaparte vient donc porter le siège devant Mantoue et se place ainsi en position d'attente stratégique. Dans son esprit, il s'agit d'être prêt à prendre la route du Tyrol pour rejoindre les armées qui opèrent en Allemagne quand les conditions seront favorables. Le général français repousse à quatre reprises (Arcole et Rivoli notamment) les Autrichiens qui tentent de débloquer la ville.

Arcole, un épisode mythifié

La bataille (15-17 novembre 1796) est l'un de ces combats. Vingt-quatre mille Autrichiens sont postés au pont d'Arcole où ils tiennent un feu nourri contre les Français venus à leur rencontre. Les manœuvres de Bonaparte ont échoué ; il décide de renouveler le passage du pont de Lodi. Un drapeau à la main, il s'élance à la tête de ses hommes. Tandis que son aide de camp, Muiron, est tué en le protégeant de son corps, Bonaparte tombe à l'eau et manque de se noyer. Contrairement au souvenir transmis par la peinture de Gros, l'épisode n'est pas forcément à la gloire du général français. Pourtant, l'armée autrichienne est à nouveau vaincue à l'issue du combat et le siège de Mantoue peut se poursuivre en attendant la reprise de la campagne au printemps.

L'exploitation de la victoire

« Un Attila pour Venise »

Mantoue tombe le 2 février 1797. Les Autrichiens ont 45 000 hommes hors de combat. À la tête de 50 000 soldats, débarrassé de tout danger sur ses arrières, Bonaparte commence son mouvement sur Vienne. Après avoir battu Moreau sur l'autre front, un corps d'armée autrichien vient à sa rencontre. Mais Bonaparte le culbute par une série de petits combats au cours du mois de mars. Comme le général français est en passe de déboucher sur sa capitale, l'empereur François II préfère demander l'armistice.

Un obstacle retarde toutefois la paix. François II est très hostile à voir la République camper à la fois sur le Rhin et à Milan. Un glacis pour protéger ses États serait bienvenu. La déclinante République de Venise serait parfaite pour cet emploi. Des troubles anti-français ont lieu sur le territoire vénitien. Événement spontané ou provoqué ? Des Français, blessés et soignés à l'hôpital, sont égorgés, ainsi que les habitants réputés favorables à la Grande Nation, à Vérone : ce sont les *« Pâques véronaises »*. L'incident justifie la marche de Bonaparte qui annonce aux émissaires du doge : *« Je serai un Attila pour Venise. »* De fait, les armées françaises entrées dans la ville humilient l'aristocratie. Elles repartent avec le lion et les chevaux de Saint-Marc portés à Paris.

Une nouvelle Italie

La victoire de Bonaparte met fin à la première coalition contre la France révolutionnaire débutée en 1792. Surtout, l'accord de paix vient couronner la réorganisation du Nord de l'Italie, orchestrée par Bonaparte. Le général français a, dès le printemps, transformé Gênes en République ligurienne. Avec Milan comme capitale, la République cisalpine s'étend de la Valteline à la Romagne.

Les Républiques sœurs

Initiée par les thermidoriens à partir de 1794, la politique de création des Républiques sœurs masque une politique d'annexion ou de vassalisation de la Grande Nation victorieuse. Les institutions de ces États partenaires de la France révolutionnaire sont calquées sur celles qui ont été mises en place à Paris. Bonaparte applique cette logique pour réorganiser l'Italie du Nord. Les armées révolutionnaires qui descendent vers le sud de la péninsule vont achever son œuvre par la création d'une République romaine en 1798 et d'une République parthénopéenne (à Naples) l'année suivante.

Campo Formio : Bonaparte maître du jeu

La paix est définitivement conclue par le traité de Campo Formio le 18 octobre 1797. Bonaparte souhaite en finir avant la venue de l'hiver : *« Voilà bien près de 80 000 hommes effectifs, je les paie, je les nourris mais je n'en aurai pas 60 000 un jour de bataille ; je la gagnerai mais j'aurai des blessés, des tués, 20 000 hommes de moins : comment résister à toutes les forces autrichiennes qui marcheront au secours de Vienne ? Il faut plus d'un mois pour que les armées du Rhin me secondent, si elles sont en mesure et, dans quinze jours, les neiges encombreront les routes et les passages. C'est fini, je fais la paix : Venise paiera les frais de la guerre et la limite du Rhin. Le Directoire et les avocats diront ce qu'ils voudront. »*

De fait, Bonaparte négocie avec les Autrichiens, ne rendant compte au gouvernement que des principales clauses du traité. Durant les trois jours de pourparlers, il montre un véritable talent de diplomate et redessine la carte au-delà de la seule péninsule italienne. L'Autriche hérite de Venise, de l'Istrie et de la Dalmatie contre la reconnaissance de la République cisalpine. Pour ne pas livrer l'Adriatique à François II, la France prend possession des îles ioniennes. L'empereur germanique reconnaît également l'annexion par la France de ses provinces des Pays-Bas (l'actuelle Belgique). Une clause secrète évoque également la souveraineté française sur la rive gauche du Rhin (à part la région de Cologne) mais la question doit être définitivement tranchée dans un congrès ultérieur.

Le nouveau Cincinnatus

Par ses qualités de diplomate autant que de général, Bonaparte souhaite se donner une nouvelle envergure, alors qu'il a subi, durant l'année 1797, des attaques de la part des hommes au pouvoir à Paris. Devenus majoritaires au sein des deux assemblées, les monarchistes critiquent vertement ce général qui décide sans en référer au gouvernement ; l'un d'entre eux est nommé Directeur. Le Directoire est ainsi profondément divisé sur le plan politique jusqu'à ce que des documents saisis par Bonaparte en Italie prouvent la préparation d'un complot royaliste. Le 18 fructidor (4 septembre 1797), les chefs de la conspiration sont arrêtés et les élections invalidées rendent le pouvoir aux républicains. Par l'aide apportée aux Directeurs républicains, Bonaparte devient un peu plus encore LE général sur qui l'on peut compter.

Cette présentation du héros de la République guerrier et politique est le résultat d'une véritable propagande. Bonaparte souhaite se présenter comme un nouveau Cincinnatus qui remet l'épée au fourreau une fois la Révolution sauvegardée. Pendant toute la campagne d'Italie, il a cherché à la fois à faire de son armée une troupe avant tout fidèle à son chef et à se construire une image favorable dans l'opinion française. Pour cela, un journal est créé et largement distribué, le *Courrier de l'armée d'Italie ou le Patriote français à Milan*. Une version uniquement destinée à relayer la propagande bonapartiste en France paraît sous le titre *Le journal de Bonaparte*. Ces publications visant à bâtir le « *mythe du sauveur*[5] » sont financées par le trésor de guerre accumulé au fur et à mesure des victoires. Elles sont les premières à vanter les talents militaires exceptionnels du général en chef de l'armée d'Italie : « *Il vole comme l'éclair et frappe comme la foudre. Il est partout et voit tout.* »

5. Sous-titre choisi par Jean Tulard pour sa célèbre biographie *Napoléon*, Paris, Fayard, 1977, 496 pages.

Chapitre 3

Devenir le « sabre » de la République

La campagne d'Italie a révélé tous les talents du général Bonaparte, y compris celui de faire connaître son savoir-faire militaire et diplomatique. Son retour à Paris se place sous le sceau d'une grande popularité. On baptise même le nom de la rue où il réside rue de la Victoire. Bonaparte se voit confier l'armée d'Angleterre, chargée de préparer un éventuel débarquement de l'autre côté de la Manche. Tandis que le Directoire demeure politiquement faible et divisé, Bonaparte est en posture de tenter un coup d'État mais l'heure ne semble pas propice. Le général choisit de soigner son image en temps de paix.

L'Égypte, un pas de plus dans le mythe

L'Égypte plutôt que l'Angleterre

Dans la République des Arts, des Lettres et des Sciences, Bonaparte avait montré ses talents d'écriture au début de sa carrière. Il choisit désormais de mettre en avant ses qualités scientifiques. C'est dans la section des Arts mécaniques qu'il intègre l'Institut le 27 décembre 1797. Bonaparte établit ainsi des liens solides avec les élites intellectuelles et artistiques qu'il ne tardera pas à solliciter. Parallèlement, le jeune général écarte l'idée de mettre en œuvre l'expédition contre l'Angleterre. L'ennemi est maître des mers. En revanche, émerge l'idée de paralyser le commerce britannique. Province de l'Empire ottoman, l'Égypte est sous l'autorité déclinante des mamelouks. Elle constitue une étape importante sur la route des Indes. Une conquête française gênerait ainsi considérablement les échanges entre la Grande-Bretagne et sa colonie orientale. Talleyrand est le premier à défendre un tel projet.

Talleyrand et Bonaparte

Issu d'une famille de la haute noblesse, évêque sous l'Ancien Régime, rallié à la Révolution, Charles-Maurice de Talleyrand-Périgord est un homme d'un grand charme, malgré son pied-bot, et d'une intelligence très fine. Ministre des Relations extérieures depuis 1797, il a pris soin d'honorer le général Bonaparte. À son retour d'Italie, il donne une grande fête en l'honneur de son épouse Joséphine. Il l'encourage à tenter l'expédition d'Égypte. Il l'assure également de son soutien quand il aura été nommé comme ambassadeur auprès du Sultan à Constantinople. En réalité, Talleyrand ne quitte pas Paris. Machiavélique, Talleyrand voit alors Bonaparte comme l'un des nombreux fers qu'il a au feu dans ce paysage politique très instable du Directoire.

Pour d'autres, confier à Bonaparte une telle opération risquée, tant les croisières anglaises sont puissantes en Méditerranée, est également l'opportunité d'éloigner, voire d'écarter, un général devenu encombrant.

Des débuts de campagne prometteurs

La campagne est minutieusement préparée. Mais il ne s'agit pas d'une simple opération militaire. Bonaparte la conçoit également comme une expédition scientifique pour mieux connaître le berceau de la civilisation occidentale et lui apporter les bienfaits des Lumières. Pour cela, les savants de l'Institut sont mobilisés. Le 19 mai 1798, une flotte de 10 000 marins et 45 000 soldats prend la mer à Toulon. Après vingt jours de mer, l'expédition française se présente devant La Valette. Après quelques coups de canons sur les murailles de la cité, celle-ci se rend. Position stratégique en Méditerranée, Malte est désormais entre les mains de la République.

La flotte cingle ensuite vers Alexandrie. Le débarquement se fait le 1er juillet et les Français s'emparent de la ville le lendemain. Bonaparte se présente en libérateur du peuple égyptien asservi par les mamelouks et marche sur Le Caire. Le 21 juillet, la bataille qu'il livre à Gizeh lui permet d'entrer dans la ville.

La bataille des Pyramides

Combat secondaire au cours duquel les Français repoussent l'armée des mamelouks sans la détruire, la bataille de Gizeh révèle surtout la supériorité de la discipline d'une infanterie formée en carré face aux charges des cavaliers mamelouks. Menée aux pieds des célèbres pyramides, elle prend une forte valeur symbolique résumée par la formule de Bonaparte : « *Soldats, songez que, du haut de ces pyramides, quarante siècles vous regardent.* »

Les premières complications

Mais les mauvaises nouvelles s'accumulent ensuite. La flotte française est surprise dans la rade d'Aboukir par l'amiral anglais Nelson qui la détruit entièrement. Quelques jours plus tard, l'Empire ottoman déclare la guerre à la République. Cette décision provoque le soulèvement du Caire contre les Français. Elle illustre l'échec de la politique de séduction déployée par Bonaparte envers les élites égyptiennes. Le général se montre très respectueux des coutumes et de la religion musulmane, allant jusqu'à paraître à une cérémonie en l'honneur de la naissance du Prophète.

Un rêve oriental ?

Bonaparte converti aux mœurs musulmanes au Caire a laissé penser qu'il rêvait de marcher dans les pas d'Alexandre le Grand. Son secrétaire, Bourrienne, racontera que le général lui a confié ces mots avant le départ : « *L'Europe n'est qu'une taupinière. Tout s'use ici. Il faut aller en Orient ; toutes les grandes gloires viennent de là.* » Napoléon dira encore à Gourgaud à Sainte-Hélène : « *J'aurais mieux fait de rester en Égypte. Je serais à présent l'Empereur de tout l'Orient.* » Si parler de rêve oriental est excessif, il est incontestable que la fascination pour l'Orient et l'intérêt géostratégique pour la région traversent la vie de Napoléon. Il enverra de multiples ambassades au Levant, en Perse et même en Inde au cours de son règne et envisagera avec le tsar de Russie le partage de l'Empire ottoman. L'Égypte et la Syrie devaient alors revenir à la France.

Bonaparte lance de grands projets de modernisation, parmi lesquels la création d'un Institut d'Égypte, l'amélioration des techniques agricoles et des travaux en vue du percement d'un canal sur l'isthme de Suez.

La description de l'Égypte

Sous ce titre, paraîtra après l'expédition le résultat des études historiques des savants qui accompagnent Bonaparte au pays des pharaons. Dans le domaine archéologique, des fouilles ont lieu à Louxor ou Karnak. Vivant Denon multiplie les croquis des principaux monuments antiques. Découverte dans un petit village, la pierre de Rosette permettra plus tard à Champollion de déchiffrer les hiéroglyphes.

Mais, autour du Caire, les menaces s'accumulent. Les mamelouks demeurent puissants au Sud, la Basse-Égypte n'est pas complètement sécurisée. Surtout, partie de Turquie, une armée ottomane est dépêchée contre Bonaparte.

Échapper à l'échec

La campagne de Syrie

Le général français se précipite à leur rencontre. Il s'empare de Gaza puis de Jaffa où se déchaîne la violence des conquérants français. Il vient ensuite échouer contre Saint-Jean-d'Acre, défendue par un de ses anciens condisciples de Brienne. Après un siège de deux mois, Bonaparte en comprend l'inutilité, puisque la ville est ravitaillée par la marine anglaise. Tandis que la bataille du mont Thabor permet de repousser une nouvelle armée ottomane, Bonaparte ordonne le repli vers l'Égypte de ses troupes rongées par les maladies.

Les pestiférés de Jaffa

Durant la campagne de Syrie, les soldats sont affectés par une épidémie de peste bubonique. Un tableau célèbre de Jean-Antoine Gros présente Bonaparte au chevet des malades de Jaffa dans une posture qui n'est pas sans rappeler le toucher des Écrouelles pratiqué par les rois de France. Il transforme ainsi un modeste événement de campagne en une scène symbolique présentée au Salon de 1804, soit quelques mois avant le sacre de Napoléon.

La retraite s'opère dans la souffrance entre la gestion des blessés et des malades, la traversée du désert et le harcèlement des Ottomans.

L'heure des choix politiques

Bonaparte parvient finalement au Caire en juillet. Après quelques jours de repos, il affronte avec 18 000 hommes et une forte artillerie une armée ottomane qu'il écrase à Aboukir le 21 juillet.

Par différentes sources, Bonaparte apprend que le Directoire est à nouveau affaibli après une série de revers militaires sur les champs de bataille européens. Il sait également que des bruits circulent en France sur ses propres échecs et qu'il n'a désormais plus rien à gagner à demeurer en Égypte. Confiant son commandement à Kléber, le général s'embarque à la nuit tombée le 23 août en espérant échapper aux Anglais : « *Nous arriverons, la fortune ne nous a jamais abandonnés* », dit-il à ses compagnons.

De fait, il parvient à regagner la France.

L'homme de la situation

Les préparatifs du coup d'État

À Paris, Sieyès souhaite changer la Constitution de l'an V pour instaurer un régime plus stable. Son plan prévoit un changement de pouvoir sans violence. Simplement, il lui faut l'appui de l'armée. Débarqué quelques semaines auparavant en Provence, Bonaparte est précédé de quelques jours par l'annonce de la victoire d'Aboukir. Il reçoit un accueil triomphal tout au long de son voyage vers la capitale. Sa halte à Lyon a été l'occasion de rencontrer les autorités de la ville et les notables. À Paris, il est également reçu en héros par la population. Façonnée par la propagande, sa figure apparaît être celle du général invincible et incorruptible. Contrairement aux autres grands chefs militaires, l'image de Bonaparte n'est entachée ni par des intrigues politiques, ni par les défaites récentes.

Par l'entremise de Talleyrand, Sieyès aborde Bonaparte qui accepte de devenir le « sabre » du coup d'État. Les préparatifs se font chez Joséphine et Napoléon Bonaparte. En public le général fait montre de sa confiance dans le succès de l'entreprise. Mais il confie à ses comparses ses craintes d'être éventuellement arrêté. Grâce à des fournisseurs aux armées, comme Ouvrard, et des banquiers parisiens, les conspirateurs disposent du budget nécessaire à l'exécution de leur plan.

Ouvrard, financier de Bonaparte

Fils de papetier, Ouvrard spécule sur les denrées coloniales sous la Révolution. En proie à des soucis financiers, le Directoire a recours à des entreprises privées pour fournir les vivres, les effets militaires ou la remonte de ses armées. En décrochant un premier contrat pour la Marine, Ouvrard devient l'un de ces commissionnaires et bâtit une immense fortune, avec laquelle il participe au financement du coup d'État. Il est ensuite l'un des banquiers importants du Consulat, tout en continuant de servir de fournisseur des armées napoléoniennes.

Les personnalités les plus influentes ont été approchées et, pour la plupart, convaincues. Au pire, comme Fouché, ministre de la Police, elles ont promis une bienveillante neutralité dans l'affaire.

Nommé à la tête des forces armées chargées de maintenir l'ordre à Paris, Bonaparte aura la responsabilité d'assurer la sécurité des assemblées. Sous le prétexte d'un complot ourdi contre les députés, on déplacera les deux assemblées à Saint-Cloud, loin de la pression éventuelle de la population parisienne. Une partie du Directoire est ralliée à Sieyès. L'appui du Conseil des Anciens semble également acquis. À Saint-Cloud, inspirés par la peur du danger auxquels ils viennent d'échapper, les députés des Cinq-Cents seront incités à voter également la révision de la Constitution. Élu à la tête de cette assemblée, Lucien Bonaparte pourra faciliter la mise en œuvre du changement de régime.

Le coup d'État : mise en œuvre sans faute

Le 9 novembre 1799, à 8 heures du matin, annonce est faite aux Anciens que l'on a découvert un complot « *terroriste* ». Aussitôt est adoptée une motion prévoyant la réunion des assemblées le lendemain à Saint-Cloud. Peu après, le général Bonaparte vient s'y faire applaudir et défile dans Paris avec son état-major sous les applaudissements de la population. En fin de matinée, le transfert des députés à Saint-Cloud est annoncé aux Cinq-Cents. L'après-midi, le calme règne dans Paris, tandis qu'en coulisses, les préparatifs pour la passation de pouvoir se poursuivent.

Le second acte s'ouvre le lendemain au château de Saint-Cloud rapidement préparé pour accueillir les deux assemblées. À son arrivée, peu après midi, Bonaparte est accueilli sous les cris hostiles des opposants au coup d'État. Dans le même temps, dans l'orangerie du château, Lucien Bonaparte peine à maîtriser les députés jacobins qui proposent un nouveau serment de fidélité à la Constitution. Au Conseil des Anciens, quelques jacobins réclament également des éclaircissements sur le complot qui a justifié le transfert à Saint-Cloud.

La situation échappe à Sieyès...

En compagnie de Sieyès, Bonaparte n'en peut plus de ronger son frein à attendre la fin des débats. Il décide de se présenter devant les Anciens. Alors qu'on leur a annoncé la démission de quatre des cinq Directeurs, ils hésitent encore à voter l'annulation de la Constitution. L'apparition de Bonaparte n'arrange pas la situation, des murmures s'élèvent et les mots embrouillés du général contre les députés des Cinq-Cents : « *Où se trouvent les hommes qui voudraient nous rendre la Convention, les comités révolutionnaires et l'échafaud ?* » incitent encore les Anciens à davantage de circonspection. Apercevant les bonnets à poils de ses hommes à l'entrée de la salle, Bonaparte leur lance avec maladresse : « *Si quelque orateur soldé par l'étranger ose prononcer contre votre général les mots hors-la-loi, que la foudre de la guerre l'écrase à l'instant. Souvenez-vous que je marche accompagné du dieu de la guerre et du dieu de la fortune !* »

Un peu rasséréné, le bouillant général se rend ensuite aux Cinq-Cents. Là, l'accueil est franchement hostile. Les huées s'élèvent des gradins et fusent des « *hors-la-loi !* », « *À bas le dictateur !* ». Sous la protection de ses grenadiers, Bonaparte, abasourdi, quitte la salle. À la tête de l'assemblée, son frère Lucien comprend que la situation échappe aux conspirateurs. Pour gagner du temps, tandis que les Cinq-Cents discutent des sanctions à voter contre Bonaparte, Lucien démissionne de ses fonctions. Persuadé que des mesures ont été adoptées, Bonaparte paraît pris d'un malaise et est évacué par ses grenadiers. Alors que le doute semble saisir les conspirateurs, il est rejoint à l'extérieur par Lucien. Le jeune frère de Bonaparte harangue les soldats : « *L'immense majorité du Conseil est en ce moment sous la terreur de quelques représentants à stylets [...] qui se sont mis eux-mêmes hors-la-loi [...] Vous ne reconnaîtrez pour législateurs de la France que ceux qui vont se rendre auprès de moi. Quant à ceux qui resteraient dans l'orangerie, que la force les expulse. Ces brigands ne sont plus les représentants du peuple ; ils sont les représentants du poignard.* »

Le mythe du poignard

L'assertion selon laquelle certains députés auraient eu l'intention de poignarder Bonaparte repose sur les seules paroles de Lucien. Le Corse Arena qui montre une forte animosité contre le général est plus particulièrement visé. C'est pourquoi c'est l'un des personnages mis en valeur dans le célèbre tableau de Bouchot qui représente cet instant du coup d'État. Le témoignage de Lucien servira également à justifier les poursuites contre les néojacobins.

... et profite à la force armée

Reprenant un peu le contrôle de ses émotions, Napoléon Bonaparte renchérit : « *Soldats, je vous ai menés à la victoire ; puis-je compter sur vous ?* » et reçoit les acclamations des troupes. Baïonnette au canon, les soldats envahissent alors l'orangerie. Murat lance le fameux « *Foutez-moi tout ce monde-là dehors* » et ses hommes dispersent les députés hostiles ou effrayés. Sous la présidence de Lucien, une cinquantaine d'entre eux est réunie dans la soirée pour adopter le changement de pouvoir. Celui-ci est provisoirement confié à trois consuls, Bonaparte, Sieyès et Roger Ducos. Toutefois, l'ordre est lourd de sens. Le rôle décisif finalement joué par les soldats de Bonaparte dans le coup d'État change la nature du coup d'État et la répartition interne des pouvoirs. « Sabre » garant du maintien de l'ordre d'un plan orchestré par Sieyès, Bonaparte est devenu le maître d'œuvre de la chute du Directoire et l'homme fort du nouvel exécutif.

L'effacement de Sieyès

Après la réussite du coup d'État, Bonaparte demande à Sieyès, deuxième consul provisoire, de rédiger la nouvelle Constitution française. L'ancien abbé propose à Bonaparte le rôle de « *grand électeur à vie* ». Cette fonction serait surtout honorifique avec l'assistance des deux autres consuls : l'un pour les Affaires intérieures, l'autre pour l'Extérieur. Bonaparte refuse « *ce rôle de cochon à l'engrais* ». Sieyès a le privilège de nommer les trois nouveaux consuls : Bonaparte, Cambacérès et Lebrun ; lui-même reçoit la présidence du Sénat. Mais un nouveau texte est rédigé, donnant des pouvoirs à la mesure de ses ambitions à Bonaparte.

Mise en place du Consulat

La Constitution de l'an VIII

Appelée Constitution de l'an VIII, cette nouvelle version reprend la référence antique des consuls. À Rome, ces magistrats se partageaient un pouvoir absolu qui leur était confié pour une année. Le modèle retenu en 1799 est sensiblement différent. D'ailleurs, fait significatif, le (seul) nom de Bonaparte est inscrit dans le texte de la nouvelle Constitution. À la tête de l'exécutif, il est assisté des deux autres consuls qui possèdent un pouvoir uniquement consultatif. Bonaparte nomme les hauts responsables de la fonction publique et propose des lois. Le Premier consul est également le chef de la diplomatie et de l'armée.

Le pouvoir législatif est largement morcelé. Assemblée purement technique, le Conseil d'État doit préparer et rédiger les projets de loi. Ses membres sont nommés par le Premier consul. Composé de cent membres, le Tribunat discute les projets de loi et donne son avis. Le

Corps législatif comprend 300 députés qui votent les textes sans discuter. Le Sénat vérifie ensuite la constitutionnalité des lois. Peu à peu, il édicte des textes législatifs, les sénatus-consultes. Ses quatre-vingts membres sont choisis par cooptation. Le suffrage universel masculin est rétabli par la nouvelle Constitution mais les citoyens n'élisent pas de représentants. Ils proposent des listes. Dans les communes, on présente 1/10 des citoyens pour la liste d'arrondissement. On y prendra les fonctionnaires d'arrondissement et cette liste propose un 1/10 de ses membres pour la liste départementale. Dans celle-ci, on choisit les fonctionnaires départementaux et un 1/10 est retenu pour la liste nationale. C'est dans cette dernière liste que sont choisis les fonctionnaires nationaux et les membres du Tribunat et du Corps législatif. Ce système est la mise en application de la philosophie développée par Sieyès : *« La confiance vient d'en bas mais le pouvoir vient d'en haut. »*

Le Premier consul au travail

Pour incarner ce nouveau pouvoir fort, le Premier consul s'installe aux Tuileries. À sa demande, Lebrun l'a rejoint dans le palais de la République, tandis que l'autre consul, Cambacérès s'y est refusé. À 30 ans, Bonaparte a changé. Le teint moins jaune et les cheveux désormais courts, il consacre une grande part de ses journées au travail de redressement du pays. Il résume ainsi la situation : *« Le bœuf [lui] est attelé, il faut qu'il laboure. »* Il s'appuie principalement sur deux ministres, Fouché à la Police et Talleyrand aux Relations extérieures.

Mais Bonaparte fuit souvent Paris pour travailler à Malmaison, propriété de Joséphine. Là, après sa journée de travail, il invite souvent à sa table les savants qu'il fréquente depuis son entrée à l'Institut. À Malmaison, Joséphine anime également des soirées où se pressent ambassadeurs, hommes politiques, officiers et autres ambitieux. C'est sans doute dans cette atmosphère à la fois studieuse et de sérénité conjugale que Napoléon Bonaparte connaît les années les plus heureuses de sa vie sous le Consulat.

Partie 2

L'héritier de la Révolution

Chapitre 4

Le Sauveur

« *La Révolution est terminée* », martèle Bonaparte aux lendemains du coup d'État mais, pour ne pas connaître le même destin que les régimes républicains précédents, le Consulat doit apporter une réponse aux maux qui traversent la société française : vie chère et paralysie économique, profondes divisions politiques et religieuses, instabilité gouvernementale, etc.

Un Sauveur militaire

Ramener la paix extérieure

La stabilisation politique passe par la sortie de la guerre avec les monarchies ouverte depuis 1792. En proie à la deuxième coalition réunie contre la République en 1798, Bonaparte déclare le 21 avril 1800 qu'il va imposer une paix qui « *finirait les guerres de la Révolution en assurant l'indépendance et la liberté de la Grande Nation* ». Contre le principal ennemi, l'Autriche, deux fronts sont ouverts en Allemagne et en Italie où les armées de la République sont en difficulté. Le Premier consul y prend personnellement le commandement d'un corps de 40 000 hommes. Pour surprendre les Autrichiens dans la vallée du Pô, il traverse les Alpes par le col du Grand-Saint-Bernard et entre dans Milan le 2 juin.

La traversée des Alpes et la légende napoléonienne

Le peintre David a immortalisé Bonaparte en héros romantique sur son cheval cabré lors du passage du col du Grand-Saint-Bernard. Il le compare aux plus grands conquérants passés par ce chemin, Hannibal et Charlemagne. David s'inscrit ainsi dans la légende que continue de construire Bonaparte. En réalité, revêtu d'une simple redingote grise, le général et son armée ont gravi avec peine les pentes alpines à dos de mulet pour couper les lignes d'approvisionnement de l'ennemi.

Il se lance à la poursuite des Autrichiens qui ont opéré un mouvement de retraite et remporte la bataille décisive de Marengo le 14 juin.

Une victoire heureuse

Dans la plaine du Pô, près du village de Marengo, Bonaparte barre la route du repli à l'ennemi. Il se heurte aux forces autrichiennes qui déploient une artillerie deux fois supérieure à la sienne. Les lignes françaises sont rapidement enfoncées mais l'arrivée sur le champ de bataille du général Desaix renverse le cours du combat. Tué lors de sa première charge de cavalerie, le héros laisse les fruits de la victoire au seul Premier consul. Un opposant y verra *« le baptême de la puissance personnelle de Napoléon »*. En effet, la défaite pouvait remettre en cause le pouvoir encore fragile du Premier consul.

L'Italie du Nord repasse sous contrôle français, tandis que les Autrichiens se sont retirés derrière le Mincio et entament des pourparlers avec la France. Pendant ce temps, le général Moreau envahit la Bavière. Il remonte la vallée du Danube en direction de Vienne. Le 3 décembre, il remporte une brillante victoire à Hohenlinden. Acculé, l'empereur François II accepte la paix de Lunéville le 9 février 1801 : l'Autriche confirme que la Belgique et la rive gauche du Rhin sont territoires français, elle ne conserve que la Vénétie dans la péninsule et reconnaît les « Républiques sœurs ». Un royaume d'Étrurie est, par ailleurs, créé aux dépens du grand-duc Habsbourg de Toscane. À son tour, le roi Bourbon de Naples signe la paix avec les Français à Florence en mai. Tandis que le tsar Paul Ier est assassiné à Saint-Pétersbourg, la paix est rétablie sur le continent. En revanche, le 8 mars 1801, les forces françaises ne peuvent empêcher un nouveau débarquement anglais à Aboukir, en Égypte. Elles s'enferment dans Alexandrie avant de capituler le 30 août.

L'assassinat de Kléber

La perte de l'Égypte est consubstantielle à celle d'un grand général de la République. Kléber, à qui Bonaparte avait confié le commandement lors de son départ d'Égypte, avait tenté de négocier avec les Britanniques une évacuation honorable du corps expéditionnaire français d'Égypte. Mais le général est poignardé par un Syrien le 14 juin 1800. Son successeur, Menou, n'a pas le même talent et ne parvient pas à repousser les Ottomans et les Anglais à Aboukir.

Écarter le danger anglais

En plus de leur victoire en Égypte, les Anglais ont mis à profit le conflit contre la France révolutionnaire pour se rendre maîtres de la plupart des colonies françaises. Cependant, la Couronne britannique connaît également des difficultés. La pénurie de grains et une crise bancaire pèsent sur l'économie intérieure. Après l'échec de l'expédition française en Irlande, celle-ci est réunie au Royaume-Uni le 1er janvier 1801 et sa stabilisation requiert toute l'attention de Londres.

L'expédition d'Irlande

En 1798, un corps expéditionnaire français a débarqué en Irlande pour combattre aux côtés des indépendantistes de l'île contre la Couronne britannique. Au bout de trois mois, les Anglais reprennent le contrôle de l'île et mettent en place la répression et un système de surveillance constante des côtes d'Irlande.

Les Anglais aspirent donc également au retour à la paix et le très belliqueux Premier ministre, William Pitt, démissionne. Entamées au printemps 1801, les négociations aboutissent à la signature de la paix d'Amiens le 25 mars 1802. L'Égypte est rendue aux Ottomans. Les Français reprennent possession de la Martinique, de leurs comptoirs au Sénégal et dans l'océan Indien. Influencé par les colons antillais, Bonaparte maintient l'esclavage dans les colonies qui reviennent dans le giron national et le fait rétablir dans les autres îles par la loi du 20 mai 1802. La traite des Noirs est également remise en vigueur. Par ailleurs, les Britanniques promettent de rendre Malte aux chevaliers de l'Ordre dès que les Français auront évacué les ports napolitains.

Non reconnues par Londres, les conquêtes françaises sur le continent sont soigneusement passées sous silence. La présence française dans le port d'Anvers est un point particulièrement sensible pour les Anglais. Inversement, Bonaparte se refuse à toute idée de traité de commerce avec les Britanniques. Ce serait mécontenter les négociants de la côte atlantique : les deux adversaires sont soucieux de parvenir à un compromis. En France, par une propagande habile, le Premier consul jouit d'une image de restaurateur de la paix et d'une grande popularité.

Un programme ambitieux de restauration de l'État

Un État en ordre de marche

Sur le plan intérieur, Bonaparte est convaincu que la consolidation de l'héritage révolutionnaire passe par une forte centralisation sous les ordres d'un exécutif ferme. Dès le 17 février 1800, les découpages administratifs créés par la Révolution (départements, arrondissements et cantons) sont confirmés mais le personnel des différents échelons sera désormais nommé par le gouvernement. On assiste ainsi à la mise en place d'une fonction publique d'État. Dans chaque département, un préfet est nommé à la tête de celui-ci pour incarner l'autorité centrale. Ses attributions portent sur « *tout ce qui tient à la fortune publique, à la prospérité nationale, au repos des administrés* ». Il doit donc veiller au bon approvisionnement des villes, au fonctionnement normal de la police et de la justice. Il est assisté d'un secrétaire général et d'un conseil de préfecture de seize à vingt-quatre membres, tous nommés par le Premier consul. Les quatre-vingt-dix-huit premiers préfets sont choisis parmi le personnel des assemblées de la Révolution et nombre d'entre eux vont se révéler de bons administrateurs des territoires qui leur sont confiés.

Le système judiciaire est réorganisé. La loi du 18 mars 1800 prévoit la mise en place d'un juge de paix dans chaque canton. Ses pouvoirs sont assez limités. Selon le même principe que pour les fonctionnaires, l'élection des juges est supprimée au profit de leur nomination par le pouvoir consulaire. Ils deviennent désormais inamovibles. Le tribunal d'instance correspond à l'échelon de l'arrondissement pour les procès civils, tandis qu'un tribunal criminel traite les affaires de délits et les crimes. Les tribunaux d'appel sont également créés. Enfin, à Paris, le tribunal de Cassation est l'instance suprême de la nouvelle justice de la République. Bonaparte soumet des noms au Sénat qui entérine les nominations. Pour lutter contre la recrudescence du brigandage depuis le Directoire, des tribunaux spéciaux, mi-civils, mi-militaires, sont mis en place. La justice devient ainsi un élément d'affermissement du régime. Un autre élément réside dans les ressources dont peut disposer le gouvernement.

La relance financière

La Révolution française n'a jamais trouvé la stabilité politique nécessaire à la mise en place de solutions à la crise économique et financière. En effet, elle perdure depuis la réunion des États généraux de 1789 dont elle avait justifié la convocation. Bonaparte fait appel aux compétences d'un intendant des Finances d'Ancien Régime, Gaudin. Il obtient dans un premier temps l'appui des banquiers parisiens pour remplir provisoirement les caisses de l'État. Ceux-ci se réunissent dans une association qui installe son siège place des Victoires sous le nom de Banque de France.

Établir la paix religieuse

Outre les efforts sur la restauration de l'État, le retour à la prospérité passe également par la réconciliation sociale. Pilier de l'ordre monarchique sous l'Ancien Régime, l'Église catholique a été violemment combattue sous la Révolution française. Les attaques des révolutionnaires contre cette institution millénaire ont laissé de profondes blessures au sein de la population française : entre « Vendéens » et Bleus dans l'Ouest, entre catholiques monarchistes et protestants républicains dans le Midi, entre prêtres jureurs et réfractaires…

Pour Bonaparte, la religion est donc un outil indispensable pour l'apaisement entre les factions nées de la Révolution au sein de la population : « *Une société sans religion est comme un vaisseau sans boussole.* » Par ailleurs, les rapports entre l'Église et le pouvoir politique sont également à reconstruire. Dépossédé de ses États par les troupes de la République, emmené comme prisonnier, le pape Pie VI est mort à Valence en 1799. Bonaparte entreprend des démarches auprès de son successeur, Pie VII, pour établir un nouveau concordat entre Paris et le Saint-Siège. Depuis 1800, les États pontificaux ont été restaurés (incomplètement, il est vrai) par Bonaparte. Les négociations sont difficiles, entraînant la rédaction de vingt et une versions avant l'accord final. Le Premier consul souhaite maintenir le contrôle de l'État sur l'Église et bénéficier de l'influence de cette institution sur l'opinion française. Le pape défend avec intransigeance les principes théologiques sur lesquels repose son pouvoir. Enfin, le 15 juillet 1801, le Concordat est signé à Paris.

La mise en place de l'Église concordataire

La République reconnaît le catholicisme comme la religion de « *la majorité des Français et celle des consuls* ». En échange, Pie VII accepte que la nouvelle carte des diocèses français soit réalisée à partir des départements mis en place par la Révolution. Toutefois, par souci d'économie, on ne retient finalement que soixante diocèses, en prenant en compte les annexions belges et rhénanes, soit une circonscription plus étendue que le département. Il y aura un curé par canton. La vente des biens nationaux ayant appartenu à l'Église est déclarée irrévocable. Les évêques seront nommés par le gouvernement et recevront ensuite l'investiture spirituelle du pape. Le clergé prêtera serment de fidélité à la République et en recevra son traitement. L'ensemble du corps épiscopal est renouvelé. En signe d'apaisement, parmi les soixante premiers évêques nommés, dix sont choisis parmi les anciens constitutionnels et seize parmi les anciens réfractaires.

Malgré des réticences, le texte est promulgué par le Premier consul le 18 avril 1802 mais, à la grande colère de Rome, il impose unilatéralement des « *articles organiques* ». Cet appendice met en place l'organisation du culte protestant et place l'Église de France sous le contrôle plus étroit de l'État. Les préfets peuvent surveiller l'exercice du culte, le pape doit solliciter l'autorisation du gouvernement pour s'adresser aux évêques et le gallicanisme constitue la base de l'enseignement dans les séminaires français. Bonaparte s'inscrit ainsi dans la laïcisation débutée sous la Révolution.

La réception du Concordat en France

Tandis que Bonaparte assiste à un office à Notre-Dame pour célébrer la réconciliation avec Rome, les généraux Augereau et Delmas dénoncent la « *belle capucinade* » et pensent aux « *cent mille hommes qui se sont fait tuer pour supprimer tout cela* ». En réalité, la majorité de la population est satisfaite par ce retour à une situation apaisée. Sorti en librairie quelques jours plus tard, *Le génie du christianisme* de Chateaubriand connaît d'ailleurs un formidable succès.

Lutter contre l'opposition royaliste...

Le Concordat vient donc couronner et enraciner la politique d'apaisement de la société civile entamée depuis brumaire. Des lois d'amnistie ont été accordées aux Émigrés avec la promesse de retrouver la propriété de leurs biens non aliénés. Dans l'Ouest, le Premier consul entreprend également une politique de retour à la paix. Elle comprend à la fois une ardente lutte policière, un déploiement de force en Bretagne et en Normandie mais aussi la diplomatie pour rallier les chefs chouans les plus influents au nouveau régime.

L'attentat de la rue Saint-Nicaise

En butte à l'activisme du Premier consul, les royalistes les plus convaincus envisagent d'assassiner Bonaparte. Le 24 décembre 1800, sur le passage qu'il emprunte pour se rendre à l'Opéra, une « *machine infernale* » explose, faisant vingt-deux morts et une centaine de blessés. Le Premier consul est pourtant indemne. Il fait épurer les milieux néojacobins avant que Fouché ne lui désigne les véritables auteurs. Deux d'entre eux sont guillotinés. Les royalistes ne cessent cependant pas de tenter d'attenter à la vie de Bonaparte.

Insensible aux offres de Bonaparte, le chouan Georges Cadoudal doit fuir en Angleterre.

.... et l'opposition de gauche

Dans le même temps, des formes de résistance larvée sont identifiées au sein de l'armée, demeurée largement jacobine. En Bretagne, l'entourage du général Bernadotte organise la « *conspiration des pots de beurre* » mais Fouché étouffe l'affaire.

Bernadotte et Napoléon Bonaparte

Chef militaire réputé pour son engagement jacobin, Bernadotte épouse en 1798 Désirée Clary, belle-sœur de Joseph Bonaparte et ancienne fiancée de Napoléon Bonaparte. L'année suivante, il refuse de prendre part au coup d'État du 18 Brumaire mais, en raison de ses liens familiaux, est ménagé par Napoléon. C'est la même raison qui explique l'absence de sanctions contre lui au lendemain de la découverte de la « *conspiration des pots de beurre* ».

Quelques figures sont éloignées à titre d'exemple : compagnon de Bonaparte à Arcole et Marengo, le général Brune est envoyé comme ambassadeur à Constantinople ; chef de la Garde consulaire, Lannes est nommé à Lisbonne. À propos du rapport entre pouvoir civil et militaire, il pose comme principe intangible le 4 mai 1802 devant le Conseil d'État : « *En fait de prééminence, elle appartient incontestablement au civil.* »

L'opposition au sein des institutions du nouveau régime est également soumise aux réformes. Bonaparte vise plus particulièrement le Tribunat où « *douze ou quinze physiciens* » sont « *bons à jeter à l'eau ; c'est une vermine que je porte sur mes habits* ». Lors du renouvellement par cinquième de l'An X, ces idéologues sont écartés au profit de tribuns plus favorables à la politique du Premier consul. Le Tribunat est scindé en trois sections (Législation, Intérieur, Finances) dont le champ d'action est limité à sa spécialité.

Les idéologues

Ce groupe philosophique est organisé par Destutt de Tracy en 1795. Autour de lui se réunissent Garat, Volney ou Cabanis mais aussi Sieyès, Condorcet ou Benjamin Constant. Dans la lignée des Lumières, ils se fixent pour objectif de faire émerger une « *science des idées* ». Issus de courants politiques assez divers, ils ont surtout influencé les progrès éducatifs en France.

Moins revendicatifs, le Sénat et le Corps législatif sont soumis à de simples épurations des opposants les plus notoires. Toute forme de résistance institutionnelle est ainsi étouffée.

Les premières mesures de stabilisation

Les « *masses de granit* »

Le Premier consul entend asseoir le retour à la paix sur des bases solides, les « *masses de granit* ». Depuis 1800, une commission du Conseil d'État réfléchit à la codification des lois. Son travail aboutit avec la proclamation du Code civil le 21 mars 1804. À Sainte-Hélène, Napoléon Bonaparte y verra sa « *vraie gloire [...], ce que rien n'effacera, ce qui vivra éternellement* ». Il s'est d'ailleurs personnellement investi dans les séances préparatoires. Les nouvelles fondations du droit français sont inscrites dans ce texte de plus de 2 000 articles. Selon Portalis, il s'agit d'« *un corps de lois destinées à diriger et à fixer les relations de sociabilité, de famille et d'intérêt qu'ont, entre eux, des hommes qui appartiennent à la même cité* ». Il s'appuie sur les grands principes de 1789 : égalité et liberté civile, laïcité de l'État, libéralisme économique et droit de propriété. Les hiérarchies sociales appuyées sur la famille sont fortement affirmées : femmes placées sous l'autorité du père puis de l'époux, transmission de la nationalité française par le seul père, majorité à 25 ans...

Les bouleversements de 1789 doivent également être transmis par l'enseignement pour perdurer. Plus que l'enseignement primaire, laissé aux soins du clergé, le secondaire retient l'attention de Bonaparte. C'est là que vont être formées les futures élites de la nation. Le 1er mai 1802, est créé le lycée. À partir des écoles centrales mises en place sous le

Directoire, quarante-cinq lycées voient le jour sous le Consulat et l'Empire. Les professeurs sont tous laïcs et nommés par l'État. Soumis à une discipline quasi militaire, les élèves reçoivent le même programme basé sur les lettres (français, latin, grec ancien) et les sciences (notamment les mathématiques). Parfois boursiers, tous internes, ces jeunes garçons peuvent être fils de fonctionnaires ou de militaires. Dans l'esprit de Bonaparte, il s'agit aussi de fonder une nouvelle société méritocratique. Dans la réalité, il va surtout favoriser les enfants des élites. Alors que l'on comptait environ 72 000 élèves du secondaire en 1789, les lycées en accueillent 50 000 à 60 000 en 1810.

L'autre volet de cette méritocratie est la création de la Légion d'honneur. Par la loi du 19 mai 1802, quinze premières cohortes sont organisées pour récompenser les hommes qui se sont illustrés au service de la nation. En 1806, la nouvelle institution comptera 11 000 légionnaires dont 550 civils. Mais la nouvelle institution se heurte à de fortes résistances. Une partie des brumairiens y voient la renaissance possible d'une aristocratie. L'analyse du Premier consul est à peine plus nuancée : « *Les Français ne sont pas changés par dix ans de révolution et n'ont qu'un sentiment : l'honneur ; il faut donner un aliment à cet honneur : il leur faut des distinctions.* » À partir de 1804, le serment même que prêtent les récipiendaires est tout en ambiguïtés. Ils jurent « *de se dévouer au service de l'Empire et à la conservation de son territoire ; à la défense de l'Empereur, des lois de la République et des propriétés qu'elles ont consacrées ; de combattre par tous les moyens que la justice, la raison et les lois autorisent toute entreprise tendant à rétablir le régime féodal ; enfin de concourir au maintien de la Liberté et de l'Égalité, bases premières de nos Constitutions* ».

Le retour à la croissance économique

Toutefois, Bonaparte sait que son œuvre demeure fragile tant que la situation matérielle des Français n'est pas assurée. Après la crise économique des années 1780 et l'instabilité permanente sous la Révolution, les mesures de 1800 ont apporté des solutions provisoires. Créée alors, la Banque de France reçoit en 1803 le monopole de l'émission de billets. De statut privé, l'établissement financier accorde des prêts à l'État en échange de ce monopole. Le 27 avril, cette nouvelle dynamique est symbolisée par la mise en circulation d'une nouvelle monnaie, signe de la stabilité retrouvée, le franc germinal. Ces signaux monétaires rétablissent la confiance. La rente à 5 % atteint un niveau plus de trois fois supérieur aux chiffres de 1799. La relance du commerce est accompagnée d'une politique de grands travaux, notamment à Paris.

Le 2 novembre 1802, l'établissement d'un cadastre pour toutes les communes de la République a pour but d'assurer de meilleures rentrées fiscales des taxes foncières et une plus juste répartition de celles-ci entre les citoyens. L'État appuie également l'essor industriel de grandes manufactures. Organisées en 1801 et 1802, des Expositions permettent de mettre en lumière le savoir-faire français.

Le livret ouvrier

Outil de contrôle policier d'une population très mobile, le livret ouvrier est rétabli par la loi du 12 avril 1803. Il doit être visé par la municipalité lors des déplacements de son détenteur. Celui-ci le remet aux mains de son employeur tant qu'il travaille chez lui. Ces restrictions aux libertés sont justifiées par la lutte contre le « *nomadisme des ouvriers* » ; elles ont également pour objectif d'éviter que des employeurs débauchent la main-d'œuvre d'un concurrent dans une période de pénurie. Le livret comporte enfin un rappel de l'interdiction des coalitions ouvrières.

Cette politique semble payante. De 553 millions de francs en 1799, le commerce extérieur français est passé à 790 millions trois ans plus tard. Dynamisées par la suprématie française en Italie, les industries et les finances lyonnaises sont relancées. En revanche, les ports de l'Atlantique ne retrouvent pas leur florissante dynamique du XVIIIe siècle en raison de la mainmise des Anglais sur l'océan.

Chapitre 5

La marche à l'Empire

Bonaparte semble être le George Washington de la France révolutionnaire. Pourtant, l'évolution des contextes intérieur et extérieur entraîne à partir de 1802 la marche vers l'Empire.

L'arbitre de l'Europe continentale

La progression de l'influence française à l'Est

Une fois la paix établie avec la Grande-Bretagne, le Premier consul en profite pour consolider les marches de la France consulaire face aux monarchies conservatrices du continent. Après la paix de Lunéville, Bonaparte confie à Talleyrand le soin de réorganiser l'Allemagne pour y réduire l'influence autrichienne. Le 25 février 1803, la Diète du Saint-Empire romain germanique vote une indemnisation pour les princes qui ont perdu leurs territoires à l'ouest du Rhin au profit de la République. Cette décision revient à modifier la carte de l'Empire. En effet, par la disparition de la plupart des villes libres et des principautés ecclésiastiques, le nombre d'États passe de 360 à 82. En Suisse, en proie à une guerre intérieure, les cantons sollicitent l'intervention française. Une nouvelle Constitution fédérale est adoptée. Elle consacre le pouvoir de Bonaparte sous le titre de « *médiateur* ». Il peut désormais lever des troupes dans les territoires helvétiques et reçoit le pouvoir d'arbitrage entre les cantons.

La réorganisation de la péninsule italienne

Depuis le Directoire, la République est protégée des puissances monarchiques européennes par un glacis de « Républiques sœurs ». La seconde campagne d'Italie permet à Bonaparte de remettre sur pied une République cisalpine au nord de la péninsule. Cette amie de la France accueille sur son sol une armée française de 30 000 hommes. À partir de 1802, elle prend le nom de République italienne, forme d'encouragement au mouvement unitaire, et Bonaparte en est porté à la présidence. Le pouvoir législatif repose sur des assemblées de notables locaux. Pourtant, à Milan, les dirigeants de ce nouvel État peinent à lutter contre les résistances : insécurité, réticences devant la conscription, sourde résurgence d'une opposition jacobine. L'influence française s'impose également de Gênes à la Toscane. En revanche, la moitié sud de la péninsule est laissée hors de l'orbite française. À Rome, le pape Pie VII se réinstalle. À Naples, Ferdinand IV garde son indépendance. Par le traité de Florence, il s'est simplement engagé à fermer ses ports aux commerces anglais et ottoman.

Le retour de la guerre

Le Premier consul semble le maître en Europe continentale, tout au moins dans sa partie occidentale. La France est désormais bien protégée d'éventuelles velléités belliqueuses des Empires germanique ou russe. En revanche, la paix avec l'Angleterre, ennemie historique depuis un siècle pour la domination européenne, n'est qu'une trêve.

Les échecs coloniaux

Pendant la paix avec les Anglais, Bonaparte a envoyé le général Leclerc à la tête de 30 000 hommes pour tenter de reprendre le contrôle de Saint-Domingue. Miné par les difficultés d'approvisionnement et les maladies, le corps expéditionnaire français échoue et se réembarque en décembre 1803. Entre-temps, Leclerc est mort de la fièvre jaune. La perte de la perle des colonies antillaises et la menace de la maîtrise de l'océan par les Anglais ont raison des ambitions coloniales de Bonaparte. Plutôt que de la perdre, il préfère céder la Louisiane aux États-Unis. En avril 1803, le territoire est vendu pour 80 millions de francs (moins 20 millions de francs que la France devait verser à Washington comme dédommagement en faveur des victimes américaines des corsaires français).

Compromis fragile, la paix d'Amiens ne résiste pas aux inquiétudes anglaises devant l'influence croissante exercée par le Premier consul sur le continent. Pire, des missions diplomatiques sont envoyées au Proche-Orient et dans les Indes, zones géostratégiques pour l'Empire britannique. Le 26 avril 1803, Londres exige l'évacuation française de la Hollande et de la Suisse. Le 22 mai, Bonaparte riposte par la saisie de tous les navires britanniques présents dans les ports français et prépare un débarquement en Angleterre pour toucher la thalassocratie britannique en son cœur.

Quand Washington devient Charlemagne

Le pouvoir personnel

Alors que la Grande Nation semble désormais solidement enracinée dans la nouvelle carte politique européenne, le Premier consul souhaite consolider son autorité à l'intérieur de la République. Certes, Bonaparte bénéficie de très larges pouvoirs que lui a accordés la Constitution de l'an VIII. En reconnaissance du retour à la paix, il est reconduit dans sa fonction par anticipation pour dix ans. Mais l'homme fort du nouveau régime veut davantage. Il faut soumettre au peuple par plébiscite son maintien définitif comme Premier consul. Les résultats sont proclamés le 2 août 1802. Sous le nom de Constitution de l'an X, le Consulat est modifié pour reconnaître à vie Bonaparte à sa tête. Ses pouvoirs sont encore élargis. Il peut ainsi choisir son successeur.

Une active politique de propagande

Dans la continuité des efforts déployés depuis la première campagne d'Italie, Bonaparte développe une politique de propagande pour séduire les Français. La presse vante ses mérites et lui-même n'hésite pas à glisser des articles rédigés de sa propre main au *Moniteur* quand il le juge nécessaire. Les artistes sont également mobilisés au service du pouvoir. Gros répond aux critiques contre le Premier consul en présentant son *Bonaparte visitant les pestiférés de Jaffa*. Enfin, celui-ci multiplie les déplacements triomphaux dans les différentes provinces de France à partir de 1802 et y soigne son image de restaurateur de la paix.

Pour prix de ses velléités passées de résistance, le Tribunat est réduit à cinquante membres. Comme le Corps législatif, il peut désormais être dissous par le Sénat. Cette Chambre joue un rôle essentiel dans le nouveau fonctionnement du régime : elle a la possibilité de modifier la Constitution ou peut attribuer des pouvoirs discrétionnaires en matière judiciaire.

Le complot royaliste

Le retour de la guerre avec l'Angleterre ranime les complots dans l'Ouest. Outre-Manche, l'entourage du comte d'Artois, notamment les Polignac, organise un plan d'enlèvement du Premier consul. L'irréductible Georges Cadoudal est le maître d'œuvre de l'opération. Secrètement débarqué dans le département de la Manche le 23 août 1803, il rejoint rapidement Paris. Le général Pichegru est associé au projet. Il éveille les soupçons de la police lorsqu'il essaie d'entraîner Moreau dans la conspiration. Les deux officiers sont les premiers arrêtés en février 1804. Après une course-poursuite dans le Quartier latin, Cadoudal est, à son tour, mis sous les verrous le 9 mars.

Au total, une quarantaine de personnes seront emprisonnées. Quelques semaines plus tard, Pichegru est retrouvé étranglé dans sa cellule. Le suicide semble probable mais, dans les jours qui suivent, une rumeur prétend que sa mort résulte de l'« aide » de la police. À Sainte-Hélène, Napoléon niera toutefois avoir commandité l'exécution du général. Condamné à deux ans de prison, Moreau voit sa peine commuée en exil perpétuel. Onze comploteurs sont exécutés, parmi lesquels Georges Cadoudal. Polignac est gracié mais l'opposition royaliste paraît tout de même décapitée.

L'affaire du duc d'Enghien

La police apprend que les complices de Cadoudal attendaient l'arrivée sur le sol français d'un prince de la famille Bourbon. L'hypothèse retenue par Paris est celle du duc d'Enghien qui réside à proximité du Rhin dans le duché de Bade. En Conseil des ministres, Talleyrand et Fouché poussent Bonaparte à l'arrêter afin d'empêcher définitivement tout rapprochement du Premier consul avec les royalistes. Le duc d'Enghien est enlevé par un détachement de dragons au mépris du droit international et ramené à Vincennes. Traduit devant une commission militaire, il est condamné et fusillé dans la nuit du 20 au 21 mars. À Sainte-Hélène, Bonaparte assumera cette décision : « *Cela était nécessaire à la sûreté, à l'intérêt du peuple français, lorsque le comte d'Artois entretenait, de son propre aveu, soixante assassins à Paris ; dans une semblable circonstance, j'agirais de même.* » Il n'empêche que l'exécution soulève un émoi considérable dans toute l'Europe monarchique. En France, le député Boulay de la Meurthe juge : « *C'est pire qu'un crime ; c'est une faute.* »

L'ultime marche

« *Il y a des orages qui servent à affermir les racines d'un gouvernement* », affirme le Premier consul. De fait, la publicité faite au danger royaliste à l'occasion du complot de Cadoudal mobilise les bénéficiaires de la Révolution en faveur de Bonaparte. Les plus jacobins sont définitivement rassurés : le Premier consul ne peut plus retourner vers le camp de l'Ancien Régime. L'idée naît d'établir « *l'hérédité du pouvoir dans une famille nouvelle* ». Ainsi, « *nous réussirons à détruire jusque dans le germe les espérances chimériques d'une ancienne famille* », selon la formule d'un brumairien. Le pouvoir fait circuler des pétitions en faveur d'une nouvelle évolution de l'autorité du Premier consul. Au printemps 1804, proposition est faite de confier le gouvernement de la République à Napoléon Bonaparte avec le titre d'empereur des Français.

Le 18 mai, un sénatus-consulte entérine le changement. Couramment désigné sous le nom de Constitution de l'An XII, le texte aménage le régime pour assurer la transition vers sa forme impériale. On crée de nouvelles dignités (voir plus loin « Une nouvelle Cour ») et la succession de Napoléon. La transmission héréditaire est confortée et les modalités d'une régence sont fixées. Les compétences du Sénat sont un peu élargies mais il compte désormais dans ses rangs des membres de droit qui assurent la fidélité de l'assemblée au pouvoir. En revanche, les pouvoirs du Tribunat et du Corps législatif sont une nouvelle fois amoindris. Pourtant, Napoléon a tenu à conserver l'apparence d'une monarchie constitutionnelle.

Vox populi

Consulté en juin par plébiscite sur le passage à un pouvoir héréditaire, le peuple ratifie l'Empire. Les Français approuvent par 3,5 millions « oui » contre 2 579 « non ». Cet assentiment populaire doit cependant être nuancé. En effet, les chiffres sont légèrement arrangés pour donner un résultat plus favorable qu'en 1802 et la moitié du corps électoral s'est abstenu. De surcroît, le vote n'est pas secret : chaque citoyen doit signer le registre des « oui » et peu ont le courage de mettre leur nom sur celui des « non ».

Le nouveau César et ses légions

L'ascension de Bonaparte ressemble à bien des égards à la tradition romaine de l'élévation au rang d'empereur par acclamation de ses troupes. Le 19 mai, quatorze généraux sont élevés au titre de maréchal. Parmi eux, les plus grands combattants de la Révolution et de l'Empire : Ney, Murat, Bernadotte, Lannes ou Davout. Les fondements militaires du nouvel Empire sont symbolisés par le rétablissement de cette dignité supprimée par la Révolution. Au total, vingt-six maréchaux d'Empire seront créés entre 1804 et 1815.

Peu de voix s'élèvent publiquement pour défendre la République. Carnot, l'« *organisateur de la victoire* » de 1792, fait, sur ce plan, figure d'exception.

Vive l'Empereur !

Le Sacre

Pour une plus grande légitimité, Bonaparte souhaite être sacré par le pape. Une telle cérémonie permettrait d'établir un parallèle avec Charlemagne et de mieux effacer la royauté capétienne. La cérémonie est fixée au 2 décembre. Cinq cent mille personnes assistent au passage du somptueux cortège qui se rend à Notre-Dame. Dans un premier temps, Napoléon reçoit l'onction de Pie VII et les attributs du pouvoir impérial. Mais Napoléon dépose lui-même la couronne sur sa tête dans un geste lourd de symbole. La seconde partie de la cérémonie se fait hors de la présence du pape qui s'est retiré. Le nouvel empereur s'engage à maintenir l'héritage de la République : égalité des droits, libertés politique, civile et religieuse, irrévocabilité de la vente des biens nationaux... La cérémonie du Sacre est ainsi un symbole de la recherche de compromis napoléoniens entre modèle monarchique d'Ancien Régime et intégration des acquis de 1789.

Le Sacre de David

Immense peinture de plus de neuf mètres sur six, la représentation par David de la cérémonie du 2 décembre 1804 répond à une commande orale de Napoléon. L'artiste rend bien compte du faste déployé pour l'occasion. Les dignitaires de l'Empire et la famille impériale sont représentés. David choisit de concentrer son attention sur le moment où Napoléon dépose la couronne sur la tête de son épouse Joséphine, agenouillée devant lui. Selon les vœux de l'Empereur, sa mère, Madame Letizia, absente le jour de la cérémonie, est immortalisée sur la toile. Joséphine est également rajeunie.

Le retour nocturne aux Tuileries se fait sous les acclamations de la foule qui peut ainsi profiter des festivités qui accompagnent le Sacre. L'événement est également célébré dans tous les départements français. En Europe, l'accueil est hostile : les monarques conservateurs condamnent l'usurpation du Corse.

L'Empereur et la famille impériale

En coulisses, on peut mesurer les tensions au sein du clan Bonaparte. Aîné de la famille, Joseph est fortement déçu de ne pas être désigné comme le successeur dans l'attente d'un éventuel héritier de Napoléon. En effet, le nouvel Empereur des Français envisage d'adopter son neveu, le fils de son frère Louis et d'Hortense de Beauharnais. Le couple s'entend mal et Hortense prend la défense de sa mère, Joséphine. L'impératrice est l'objet de toutes les critiques des Bonaparte. Les attaques se concentrent sur l'incapacité de Joséphine à donner un fils à Napoléon.

L'impératrice Joséphine

Désormais fidèle à Napoléon, elle excelle dans son rôle d'hôtesse de la République consulaire mais le problème de la filiation de son époux se pose de façon plus aiguë avec le passage à l'Empire. Joséphine a d'ailleurs demandé à Napoléon d'y renoncer. À l'origine du mariage de sa fille Hortense et de Louis Bonaparte, comme de l'idée d'adopter leur fils, elle réussit en 1804 à consolider son mariage. En glissant à Pie VII qu'elle n'est pas unie religieusement à Bonaparte, elle devient Mme Bonaparte devant l'autel et pense ainsi pouvoir écarter le risque de répudiation.

Les sœurs de Napoléon sont avides de profiter de la réussite de leur frère. Épouse de Murat depuis 1800, Caroline nourrit de hautes ambitions pour eux. Elisa suit son exemple et aspire à une meilleure situation pour le couple qu'elle forme avec un officier corse, Félix Bacciochi. Mariée au prince Camille Borghèse, Pauline est moins politique et mène plutôt une vie d'enfant gâtée. Après avoir joué un rôle important au moment du coup d'État et aux débuts du Consulat, Lucien est en froid avec son frère et s'est installé à Rome. Affichant des opinions républicaines, il s'est, par ailleurs, remarié sans l'accord de Napoléon. Son jeune frère Jérôme est également écarté de la succession impériale pour des raisons matrimoniales. Malgré les difficultés de Napoléon à plier sa famille à ses volontés, il est très heureux d'associer son clan à sa réussite. Ainsi, le 2 décembre, glisse-t-il dans l'oreille de son frère à Notre-Dame : « *Joseph, si notre père nous voyait !* »

Une nouvelle Cour

Mis à part Lucien et Jérôme, chaque membre de la famille impériale reçoit le titre honorifique d'« Altesse impériale » avec rang princier. En plus de la nomination des maréchaux, la fondation de l'Empire est l'occasion de distribuer des dignités aux proches du pouvoir. Les frères de Napoléon sont les premiers récompensés : Joseph devient Grand électeur et Louis Grand connétable. Oncle des Bonaparte, le cardinal Fesch est nommé Grand aumônier. Beau-fils de Napoléon, Eugène de Beauharnais est archichancelier d'État ; Cambacérès, archichancelier d'Empire ; Murat Grand amiral. Ces dignitaires forment le Grand Conseil de l'Empire (purement honorifique).

Les hommes qui ont accompagné l'ascension de Napoléon ne sont pas oubliés : Duroc devient Grand maréchal du Palais ; Berthier Grand veneur ; Talleyrand Grand chambellan. Puis viennent des représentants de l'ancienne noblesse : Caulaincourt est fait Grand écuyer et Ségur Grand maître des cérémonies. La distribution de ces honneurs qui rappellent l'Ancien Régime s'accompagne de la mise à disposition de l'Empereur de tous les palais nationaux et d'une liste civile de 25 millions de francs. Il dispose de sa Maison militaire, tandis que l'impératrice et Madame Mère ont leur propre Maison. Une Cour impériale se formalise avec une étiquette très stricte. Le nouveau régime consacre donc le pouvoir personnel du « *missionnaire botté de la Révolution* ». Soucieux des apparences, Napoléon ne fait pas disparaître les termes « République française » des monnaies.

Chapitre 6

De la paix à la domination européenne

L'INFLUENCE FRANÇAISE SOUS LE PREMIER EMPIRE : LA DIFFUSION DU CODE NAPOLÉON EN EUROPE

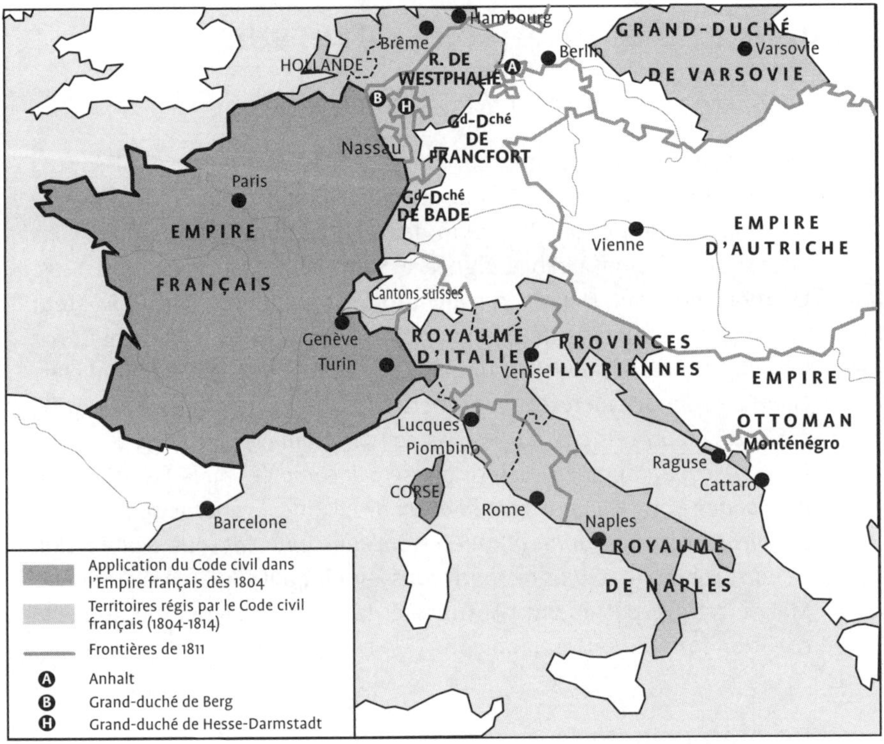

Le Sacre vient couronner l'autorité intérieure de Bonaparte et la puissance de la République en Europe. Pourtant, la Grande-Bretagne demeure une puissance en guerre avec la France depuis la rupture de la paix d'Amiens. Depuis 1803, Napoléon Bonaparte prépare un corps expéditionnaire pour traverser la Manche et concentre ses troupes autour de Boulogne.

Les Anglais, pugnaces adversaires

La formation d'une troisième coalition

La proclamation de l'Empire ranime aussi les craintes des puissances continentales. Le tsar Alexandre Ier rappelle son ambassadeur dès le mois d'août 1804 et préfère ouvrir des négociations avec Londres. Elles aboutissent à une alliance signée à Saint-Pétersbourg en avril 1805. Un mois plus tard, Napoléon est couronné roi d'Italie à Milan. Sa sœur Elisa reçoit la principauté de Piombino et de Lucques. À Paris, il décrit les contours de la nouvelle puissance française : « *Le génie du mal cherchera en vain des prétextes pour mettre le continent en guerre ; ce qui a été réuni à notre Empire par les lois constitutionnelles de l'État y restera réuni. Aucune nouvelle province n'y sera incorporée, mais les lois de la République batave, l'acte de médiation des dix-neuf cantons suisses et ce premier statut du royaume d'Italie, seront constamment sous la protection de notre couronne et nous ne souffrirons jamais qu'il y soit porté atteinte.* » Malgré cet avertissement, l'Autriche et la Suède rejoignent la nouvelle coalition formée contre Napoléon.

Le plan français

L'affrontement principal doit pourtant avoir lieu entre l'Angleterre et la France. L'Empereur a besoin d'être maître de la Manche quelques heures pour projeter ses troupes sur les côtes anglaises. Les escadres françaises de Brest, Rochefort et Toulon doivent joindre leurs forces dans l'Atlantique. Elles s'éloigneront du continent, laissant penser à une attaque dans l'océan Indien ou dans les Antilles. Les Français espèrent ainsi entraîner dans leur sillage la flotte britannique, laissant à découvert la Manche. En ralliant l'Atlantique, l'amiral Villeneuve qui commande l'escadre de Méditerranée est rejoint par les navires alliés espagnols et file sur les Antilles. Comme les autres escadres françaises ne l'ont pas rejoint, il cingle à nouveau vers l'Europe. Après un combat naval au large de l'Espagne, Villeneuve se replie dans la rade de Cadix. Furieux, Napoléon ordonne à Villeneuve de forcer le barrage anglais.

Trafalgar, anéantissement des ambitions maritimes françaises

Le 21 octobre, la flotte franco-espagnole sort de la rade. En supériorité numérique, elle affronte les forces de l'amiral Nelson au large du cap Trafalgar. Peu avant le combat, celui-ci a fait hisser sur ses voiles le message : « *L'Angleterre attend de chacun qu'il fasse son devoir* » à l'intention de ses marins. Prise dans la tempête, la flotte de Villeneuve n'arrive pas à conserver sa ligne de bataille. Avec habileté, Nelson profite d'un vent arrière et vient couper la ligne ennemie, ouvrant le feu à grande proximité sur les vaisseaux franco-espagnols. Au cours du combat, Nelson est mortellement touché par un tir ennemi. Sa victoire est pourtant complète. Ses 27 vaisseaux en ont envoyé 4 par le fond et capturé 17. Plus de 5 500 Franco-Espagnols sont tués ou blessés et 7 000 sont faits prisonniers, y compris Villeneuve. Par cette victoire, les Britanniques gardent définitivement la maîtrise des mers.

La marine française

Napoléon Bonaparte a toujours eu une méfiance instinctive envers la marine. Les échecs d'Aboukir puis de Trafalgar ne permettent pas de rivaliser avec les Anglais. Napoléon nourrit des ambitions pour sa flotte mais sans comprendre que bâtir une marine puissante demande de gros financements et du temps. À la fin de l'Empire, le programme de construction lancé en 1806 permet cependant à la France de compter 72 vaisseaux de premier rang. Dès 1806, l'Empereur encourage surtout la course. Malgré les exploits de Surcouf sous le Consulat, ses résultats sont cependant limités.

La campagne continentale de 1805

La campagne du Danube

Le débarquement en Angleterre devient irréalisable. À Boulogne, ce sont 60 000 hommes qui étaient répartis en deux campements, tandis que Napoléon a établi son état-major au château de Pont-de-Briques. Longuement entraînées, ces troupes de l'armée des Côtes de l'Océan ont déjà entamé une nouvelle campagne continentale. En effet, la coalition a prévu une série d'offensives de la Hollande jusqu'à l'Italie du Nord mais toutes ses forces ne sont pas encore en position de venir frapper l'Empire à ses différentes portes. Napoléon choisit de marcher en premier sur l'armée autrichienne qui attend l'appui russe pour envahir la Bavière puis l'Est de la France. Pour prendre de vitesse les forces adversaires, l'Empereur fait faire volte-face à ses troupes. Après vingt jours de marche forcée, cette Grande Armée s'organise à Mayence afin de remonter la vallée du Main. Il parvient ainsi à couper la ligne d'approvisionnement entre Vienne et les forces autrichiennes qu'il contraint à capituler à Ulm le 20 octobre. Trois semaines plus tard, l'Empereur entre dans Vienne.

Le soleil d'Austerlitz

Mais une seconde armée autrichienne a opéré sa jonction avec les forces russes. La Grande Armée se lance à leur poursuite en Moravie et Napoléon choisit d'engager la bataille qu'il espère décisive près du village d'Austerlitz, sur le plateau de Pratzen. Le 1er décembre, veille du combat et du premier anniversaire du Sacre, Napoléon parcourt les bivouacs. Les soldats allument des torches à son passage et l'acclament : « *Ainsi fut improvisé, aux yeux de l'ennemi étonné, la plus touchante des fêtes dont jamais l'admiration et le dévouement d'une armée entière aient salué son général.* » À l'aube, le combat débute dans la brume. Comme l'escomptait Napoléon, les Austro-Russes ont choisi de couper la route de Vienne aux Français. Ils font mouvement depuis les hauteurs qu'ils occupaient, dégarnissant leur centre. À l'abri de la brume, Soult se lance à l'assaut du plateau, tandis que Davout supporte l'attaque ennemie à droite du dispositif français. La conquête de Pratzen permet de couper en deux les forces ennemies. À droite, l'essentiel des troupes austro-russes sont prises en tenaille entre Soult qui dévale le plateau et Davout. Elles sont acculées à des étangs gelés qui engloutissent les fuyards. À gauche, Lannes et Murat mettent en déroute l'infanterie russe. Le tsar lui-même doit fuir dans la précipitation.

LA BATAILLE D'AUSTERLITZ (1er décembre 1805 à 18 heures)

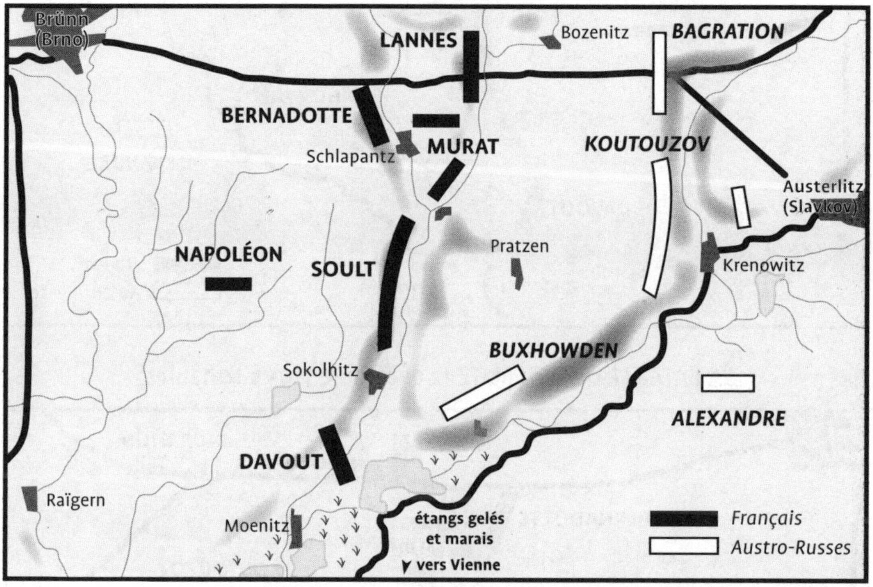

LA BATAILLE D'AUSTERLITZ (2 décembre 1805 à 9 heures)

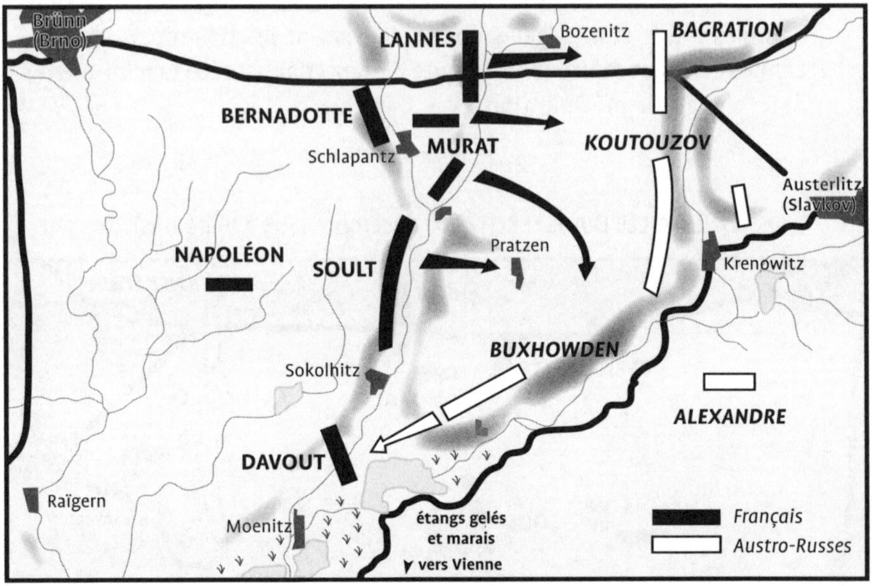

LA BATAILLE D'AUSTERLITZ (2 décembre 1805 à 14 heures)

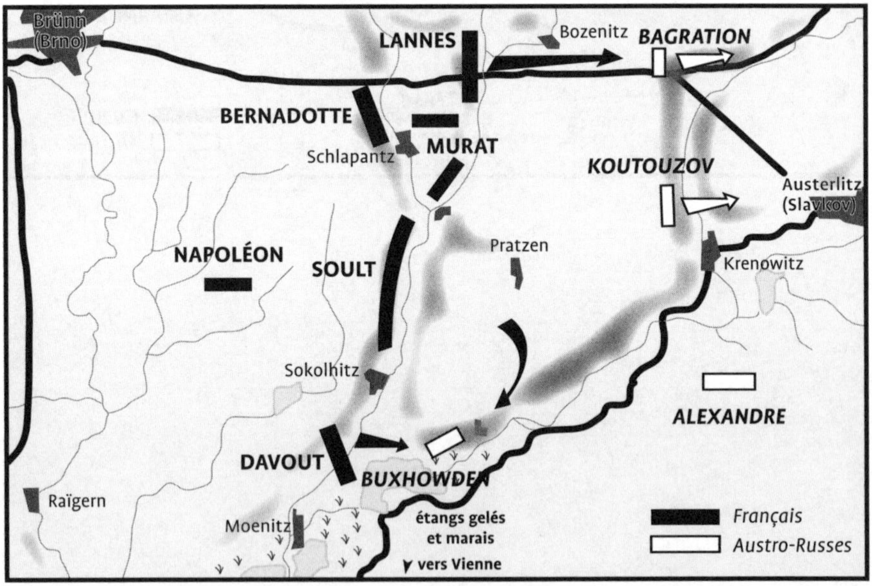

Une bataille historique

Le lendemain, Napoléon adresse sa célèbre proclamation à la Grande Armée : « *Soldats, je suis content de vous (...). Quarante drapeaux, les étendards de la garde impériale de Russie, 120 pièces de canon, vingt généraux, plus de 30 000 prisonniers, sont le résultat de cette journée (...). Mon peuple vous verra avec joie, et il vous suffira de dire : "J'étais à Austerlitz" pour que l'on réponde : "Voilà un brave."* »

La paix française

Une domination éclatante

La défaite oblige la Russie à se retirer. La Prusse, qui n'a pas eu le temps de s'engager militairement, préfère traiter avec Napoléon. En signant le traité de Schönbrunn, le roi Frédéric-Guillaume III accepte de céder Neuchâtel et Clèves à la France, contre le Hanovre. Le prix le plus lourd revient à l'Autriche réduite à un État enclavé. François II accepte à Presbourg le 26 décembre de céder l'Istrie et la Dalmatie au royaume d'Italie. En récompense de leur fidélité à la France, la Bavière reçoit le Trentin, le Vorarlberg et le Tyrol ; le grand-duc de Bade reçoit le Brisgau, le nouveau roi de Wurtemberg Constance et quelques possessions allemandes des Habsbourg. François II a perdu 4 millions de sujets et n'est plus qu'empereur d'Autriche sous le nom de François Ier : fondé au Xe siècle, le Saint-Empire romain germanique n'existe plus.

La mise en place d'un Grand Empire

La refonte de la carte de l'Allemagne permet la mise en place de la Confédération du Rhin en 1806. L'espace germanique est ainsi profondément ancré dans le nouveau système européen. Napoléon est le protecteur de cette Confédération de seize États qui mettent à son service 60 000 soldats. Elle s'étend à la totalité de l'Allemagne occidentale et centrale, bordée par l'Elbe et par l'Inn, au-delà desquelles sont repoussées la Prusse et l'Autriche. Un grand-duché de Berg est également constitué. En Italie, Joseph monte sur le trône de Naples en mars 1806, tandis qu'Eugène de Beauharnais gouverne toujours le Nord avec le titre de vice-roi d'Italie. En Hollande, la République batave laisse place à un régime monarchique.

L'Europe des Bonaparte

La nouvelle carte permet d'installer le clan Bonaparte sur les trônes du continent et de mêler leur sang à celui du gotha européen. Caroline et Murat deviennent souverains du grand-duché de Berg, Louis s'installe à Amsterdam, Eugène épouse la fille du roi de Bavière et Jérôme celle du roi de Wurtemberg.

Une quatrième coalition

La reconstitution d'une alliance anti-napoléonienne

Toutefois, cette puissance renforcée est loin d'être acceptée par les autres forces européennes. Très peu satisfait de la formation de la confédération du Rhin sur ses frontières, Frédéric-Guillaume III est au cœur de la nouvelle coalition. Il décrète la mobilisation dès le mois d'août 1806 et est rejoint par la Russie qui rompt les pourparlers de paix avec Paris. Inquiets de voir Joseph mettre la main sur la Sicile, les Anglais financent la campagne russo-prussienne. Au début du mois d'octobre, Napoléon s'avance à la rencontre de l'ennemi avec 160 000 hommes. Sans attendre leur allié russe, les Prussiens engagent les combats en Thuringe.

L'effondrement prussien

Réputée la meilleure d'Europe depuis le milieu du XVIIIe siècle, l'armée prussienne est écrasée en quelques semaines.

Iéna

Le 14 octobre, Napoléon met en déroute ce qu'il croit être l'ensemble des forces prussiennes. Il écrit à Joséphine : « *Tout a été comme je l'avais calculé. Jamais une armée n'a été plus battue et plus entièrement perdue.* » En fait, Davout et ses 27 000 hommes bat le même jour à Auerstedt une armée deux fois supérieure. Cette double victoire, même si le *Bulletin de la Grande Armée* minimise la seconde, permet à l'Empereur de faire son entrée à Berlin à la fin du mois. Il se rend sur le tombeau du Grand Frédéric, le stratège fondateur de la puissance militaire prussienne : « *Il resta dix minutes, perdu dans ses méditations devant le cénotaphe* », note Ségur.

Les principales places prussiennes tombent et les 10 000 hommes du général Blücher se rendent au début du mois de novembre. Tandis qu'un armistice est signé et que les négociations commencent avec Frédéric-Guillaume, Napoléon pénètre en Pologne.

De Varsovie au radeau de Tilsit

La campagne de Pologne

Tandis qu'il pourchasse les Russes qui se dérobent, l'Empereur est accueilli en libérateur par la population de Varsovie le 18 décembre. En effet, la Pologne a été rayée de la carte par les puissances voisines en 1795. Obligé d'hiverner, Napoléon s'installe dans l'ancienne capitale.

Marie, l'« épouse polonaise »

Poussée dans les bras de l'Empereur par ses sentiments patriotiques, la comtesse Marie Walewska espère convaincre Napoléon de faire renaître la Pologne. Les deux amants s'éprennent réellement l'un de l'autre et vivent une idylle d'avril à juin 1807. Mariée et mère d'un enfant, Marie ne peut épouser l'Empereur, comme il l'a, un moment, envisagé. Napoléon la fait pourtant venir à Paris en 1808 puis la revoit lors de la campagne de 1809.

La boucherie d'Eylau

Les Français menacent de se rendre maîtres de la Prusse orientale et de pénétrer dans Königsberg. Or, la Perse et l'Empire ottoman viennent de déclarer la guerre à la Russie. Celle-ci doit désormais livrer combat. Les 7 et 8 février, elle affronte la Grande Armée à Eylau. Le choc des infanteries est violent avec des combats corps à corps dans le village enneigé. Après les charges de Murat et de Ney dans l'après-midi, le champ de bataille reste aux mains de Napoléon. Toutefois, les Russes se retirent en bon ordre sans être poursuivis. Ils ont perdu environ 25 000 hommes mais près de 18 000 Français ont également été tués ou blessés. L'Empereur préfère attendre le printemps pour reprendre l'offensive. Dans le même temps, Dantzig tombe après deux mois de siège.

Le triomphe français

La reprise des combats est marquée par une contre-offensive russe. Le 14 juin, l'armée du tsar choisit de solidement se retrancher sur les bords de l'Alle pour affronter la Grande Armée. Les 84 000 Russes sont en large supériorité numérique (contre 25 000 Français au début de la bataille. Devant l'arrivée de renforts, l'ennemi choisit de passer le fleuve et de prendre position près du village de Friedland. Le voyant acculé à l'Alle, Napoléon confie à Ney l'attaque au centre du dispositif russe : « *Toute l'armée en ligne de bataille parfaite s'avança sur l'armée ennemie, formée dans le même ordre, et [...] ne fut arrêtée qu'un moment parce que notre extrême droite ayant rejeté et culbuté dans un rentrant de la rivière l'extrême gauche russe* », rapporte le colonel Girard. Ney est appuyé par une violente mitraille de l'artillerie française. Une fois le village pris et les ponts détruits, l'aile droite russe est, à son tour, jetée dans le fleuve. Le reste des troupes ennemies est ensuite pourchassé. Douze mille morts et blessés et près de 10 000 prisonniers obligent le tsar à négocier.

La paix de Tilsit

Le 25 juin, Alexandre rencontre Napoléon au milieu du Niémen.

Le radeau de Tilsit

Deux barques partent simultanément de chacune des deux rives du fleuve. Les deux empereurs se retrouvent sur un radeau au milieu du cours d'eau et se donnent une accolade. Le tsar aurait affirmé à l'Empereur : « *Je hais les Anglais autant que vous* », s'attirant la réponse suivante : « *En ce cas, la paix est faite.* »

Quelques jours plus tard, deux traités de paix sont signés à Tilsit. Malgré les conseils de modération de Talleyrand, ils consacrent l'humiliation de la Prusse. Dans le premier, le royaume de Frédéric-Guillaume III est réduit de moitié : il perd ses possessions polonaises et tous ses territoires situés à l'ouest de l'Elbe. Ces derniers constituent désormais un royaume de Westphalie dont le souverain est le cadet de Napoléon, Jérôme. En Pologne, est recréée une entité nationale : le grand-duché de Varsovie confié au roi de Saxe, allié de la France. Par le second traité, la Russie accepte d'évacuer les provinces ottomanes de Moldavie et Valachie, cède à la France les îles ioniennes et Cattaro. Alexandre reconnaît également la nouvelle carte de l'Allemagne et adhère au blocus continental. Il évoque même avec Napoléon de grandioses projets de partage de l'Orient et de l'Occident.

Chapitre 7

Le « petit caporal » et ses grognards

BATAILLES CÉLÈBRES DE LA PÉRIODE NAPOLÉONIENNE

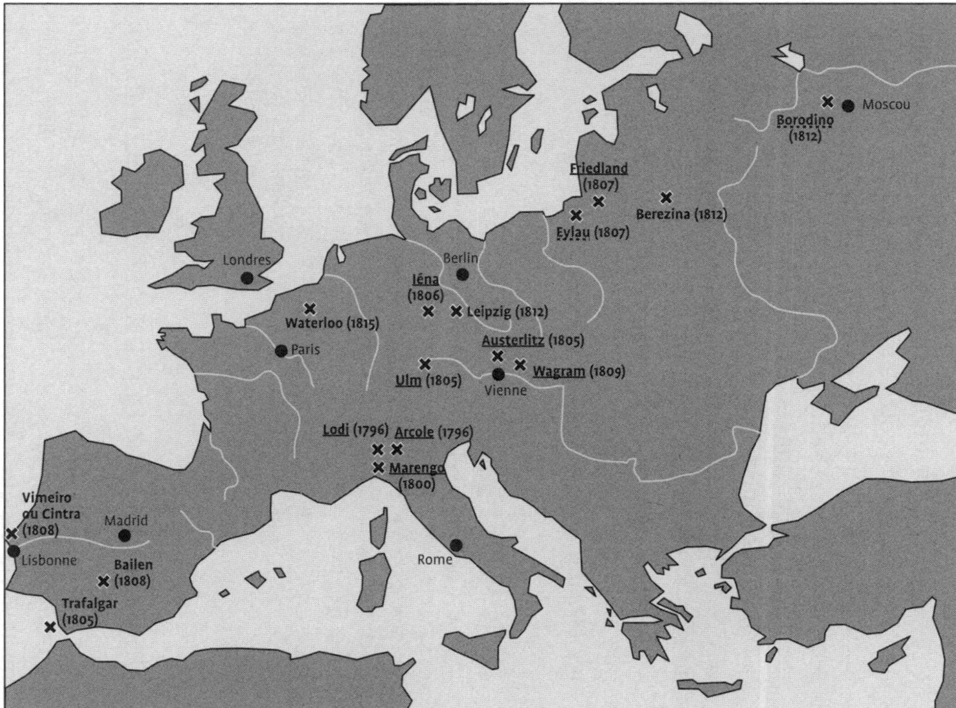

Friedland : victoire française

Borodino : bataille indécise, les Français maîtres du champ de bataille (Eylau et Borodino)

Waterloo : défaite française

La période de 1805 à 1807 comprend les plus belles victoires napoléoniennes. Elle révèle la qualité du chef militaire qu'est Napoléon mais aussi de sa troupe, la Grande Armée.

Un formidable outil militaire

Une troupe d'excellence

En effet, celle-ci constitue une force militaire d'exception. Elle comprend des hommes expérimentés : un quart a fait toutes les campagnes de la République, un autre quart a combattu à Marengo ou Hohenlinden. La seconde moitié a été amalgamée aux anciens et s'est aguerrie pendant ces deux longues années. Par ailleurs, cette armée est le produit de la conscription mise en place par la loi Jourdan (5 septembre 1798). Le service militaire est, en principe, obligatoire pour tout Français entre 20 et 25 ans et peut devenir illimité en temps de guerre. Dans les faits, seule une partie du contingent, environ 100 000 hommes, est retenue par tirage au sort. Les jeunes notables peuvent ainsi se payer un remplaçant.

Portrait type du « grognard »

C'est un rural, originaire des départements du Nord et de l'Est, ou encore venu des pays annexés. Comme le taux de réformes pour des déficiences physiques reste élevé, le soldat de l'Empire est exceptionnellement endurant. Lors de l'entrée de la Grande Armée à Berlin en octobre 1806, la population prussienne, curieuse de découvrir ces Titans modernes, est frappée de stupeur : « *Ils sont petits, chétifs, un seul de nos Allemands en battrait quatre* » mais n'en conclut pas moins : « *Au feu, ils sont animés d'une ardeur admirable.* »

Un outil basé sur la puissance démographique

Au total, de 1800 à 1814, Napoléon lève plus de 2,2 millions hommes dont 1,55 pour la France dans ses limites de 1792. Les villes sont plus largement sollicitées que les campagnes, à l'exception de Paris où l'Empereur a toujours soin de l'opinion publique. Les départements du Sud-Ouest et du Massif central sont particulièrement marqués par l'insoumission. En 1809, la désertion concerne environ 5 % des conscrits. Les condamnations sont lourdes mais la répression est plutôt inefficace.

Dans les départements nouvellement annexés, l'Italie du Nord très sollicitée est affectée par des mouvements de révolte, tandis que les départements rhénans sont moins lourdement touchés. Les États vassaux doivent également fournir des contingents. Napoléon écrit ainsi à son frère Louis : « *Je vois dans les notes que vous m'avez envoyées que les Hollandais espéraient que, dans le système de guerre, ils n'auraient qu'une armée peu nombreuse et que les légions françaises leur serviraient de boucliers. Voilà une plaisante idée : un État qui veut être indépendant et qui ne veut pas avoir d'armée ! Si les Hollandais ont vendu leurs colonies aux Anglais, s'ils sont sans conscription, sans énergie, de qui est-ce la faute, si ce n'est la leur ?* »

Une troupe réorganisée

La très grande majorité des soldats sert dans l'infanterie. Pour compléter l'infanterie de ligne, Napoléon Bonaparte a mis sur pied une infanterie légère. Constituée de voltigeurs ou de tirailleurs, elle est placée en avant-garde. Réorganisée en 1803, la cavalerie joue un rôle majeur car la stratégie napoléonienne repose sur la mobilité et la rapidité. Mais l'arme qui prend une place croissante dans les guerres contemporaines, et plus particulièrement au fur et à mesure que l'on avance dans la période impériale, est l'artillerie.

La Garde impériale

Constituée en juillet 1804 en remplacement de la Garde consulaire, elle compte environ 10 000 hommes en 1804. Chargée à l'origine de la sécurité de Napoléon Bonaparte, elle devient l'unité de réserve de l'armée napoléonienne et doit servir de modèle d'excellence à celle-ci. Les hommes qui la composent sont donc sélectionnés et jouissent d'avantages nombreux. À la fin de l'Empire, la Garde constitue à elle seule un corps d'armée avec plus de 100 000 hommes, divisés en « Jeune Garde », « Moyenne Garde » et « Vieille Garde », la seule à avoir conservé les conditions strictes d'origine.

À côté de ces unités classiques, des corps spécialisés sont constitués, notamment le train des équipages (à partir de 1807) pour le transport des vivres et des munitions. La Garde nationale est rétablie en novembre 1806. Les Français valides de 20 à 60 ans sont susceptibles d'y être appelés. Leur tâche principale est la défense des frontières. Les gardes nationales des départements du Nord, de la Somme, du Pas-de-Calais et de la Lys sont formées en légions qui rejoignent les armées.

La gendarmerie

Née dans sa forme contemporaine d'une réforme de 1791, elle se dote d'une véritable structure de commandement distinct sous le maréchal Moncey en 1801. Elle participe également à de nombreux combats mais lutte principalement contre le brigandage et l'insoumission[6]. Elle forme un modèle de police militaire qui essaime dans l'Europe. Elle constitue aussi l'un des bras armé de la répression politique, comme l'illustre son rôle dans l'affaire du duc d'Enghien.

Un vivier renouvelé d'officiers

Ces soldats sont encadrés par des officiers et des généraux dont beaucoup doivent leur carrière à la Révolution. Mais la politique de réconciliation menée sous le Consulat a également permis de réintégrer des aristocrates. Le camp de Boulogne est l'occasion d'une fusion entre les « messieurs » de l'armée du Rhin, de tendance parfois royaliste, et les jeunes officiers d'obédience républicaine des armées d'Italie ou d'Égypte. La moitié des officiers est issue de l'armée d'Ancien Régime, le reste des bataillons de volontaires de 1792. L'âge moyen des cadres de la Grande Armée peut ainsi paraître relativement élevé, autour de 39 ans, mais il est sensiblement le même pour les officiers subalternes que pour les colonels et même les généraux.

6. Aurélien Lignereux, *La France rébellionnaire : les résistances à la gendarmerie (1800-1859)*, Rennes, PUR, 2008, 365 pages.

Napoléon, grand chef militaire

Le chef troupier

Napoléon Bonaparte a construit son destin sur son talent militaire. Pourtant, la légende brouille la réalité de ses qualités. En premier lieu, Napoléon réussit à créer un lien quasi mystique avec ses « grognards », ce formidable outil que lui a légué la période révolutionnaire. Ce rapport entre le chef et sa troupe est si fort qu'il a pu rendre possible un épisode aussi extraordinaire que le retour triomphant de l'île d'Elbe.

Armée napoléonienne et vocabulaire

En principe, le terme de « Grande Armée » désigne une armée dirigée personnellement par l'Empereur pour la distinguer des autres. Par extension, l'expression est utilisée pour l'ensemble des troupes napoléoniennes. Napoléon appelle ses « grognards » les soldats de la Vieille Garde qu'il côtoie et qui se plaignent de leurs mauvaises conditions de vie. C'est à propos des mêmes hommes que naît l'expression « vieux de la Vieille » qui désigne un ancien de cette unité d'élite.

Depuis la campagne d'Italie, Bonaparte s'impose à des généraux beaucoup plus expérimentés que lui et développe l'art de la propagande. Mais le général en chef force également l'admiration de ses hommes par son courage physique. Toute sa vie, Napoléon affichera un grand détachement face à la mort : la sienne (il le montrera plus particulièrement lors de la campagne de France en 1814) mais aussi, et surtout, celle de ses soldats (son seul moment d'émotion affichée a lieu au lendemain de la « boucherie » d'Eylau). Bien entendu, le culte impérial est soigneusement entretenu par une familiarité affectée (appellation par leurs noms de soldats signalés, les gestes d'amitié virile...) ou par la satisfaction de l'appétit de gloire de ses hommes (cérémonies de remise de Légion d'honneur). Le « grognard » de la Grande Armée obtient une reconnaissance sociale. Elle se manifeste notamment par la portée symbolique des *Bulletins de la Grande Armée* mais aussi par des avantages matériels (terres pour les officiers, emplois réservés...) qui tranchent avec la condition de paria du soldat du XVIIIe siècle.

Napoléon stratège

Fin stratège, Napoléon Bonaparte a pour principale qualité d'avoir été le premier à mettre en application les nouvelles théories militaires issues des débats du XVIIIe siècle. En ce sens, il n'est pas un chef militaire hors norme mais plutôt un besogneux qui a énormément travaillé son sujet. Rappelons d'ailleurs que, dans le domaine de la guerre comme dans bien d'autres, Napoléon raisonne en homme du XVIIIe siècle. Il passera ainsi à côté des grands progrès techniques par son manque de vision. Le refus d'adopter la machine de Fulton pour l'attaque de l'Angleterre en est l'un des plus célèbres exemples.

Très longtemps, on a expliqué la supériorité de la Grande Armée sur le champ de bataille par le génie militaire hors norme de son chef. Sans contester les talents de Napoléon, il faut se rappeler qu'il s'est conformé tout au long de sa carrière aux mêmes principes de stratégie consciencieusement déclinés. Ainsi, dans la campagne de 1805, l'idée principale consiste simplement à marcher sur Vienne. Le reste est le résultat d'adaptations au fur et à mesure de l'avancée des troupes : la marche sur Ulm fait ainsi l'objet de trois plans successifs.

Austerlitz, un combat gagné d'avance ?

En amenant l'ennemi sur le champ de bataille qu'il a choisi, Napoléon montre l'étendue de son talent stratégique. Pour autant, il n'écrit pas le scénario de la journée avant qu'elle ne se déroule, comme l'a longtemps laissé penser la légende impériale. Là encore, les qualités de l'Empereur sont le résultat de son travail et de sa capacité d'adaptation. La manœuvre est imaginée à partir du 21 novembre quand Napoléon arrive près de Brünn. Le 1er décembre, à son bivouac, il prévoit une attaque principale au nord. Réveillé dans la nuit, il apprend que les Austro-Russes ont tenté de s'emparer d'un village au sud. L'Empereur comprend alors que l'ennemi fait mouvement pour le couper de ses lignes d'approvisionnement. Il fait une rapide reconnaissance du plateau de Pratzen, à proximité des lignes ennemies. Avant de se recoucher, Napoléon adapte son plan et conçoit l'attaque de Soult au centre qui sera mise en œuvre au petit matin.

La recherche systématique de la bataille décisive

Par ailleurs, la pratique napoléonienne de la guerre ne se résume guère qu'à un seul principe : être le plus fort à l'endroit où l'on a décidé de frapper le coup décisif. Napoléon énonce ainsi sa manière de mener la bataille : « *Réunir ses feux contre un seul point ; une fois la brèche faite, l'équilibre est rompu, tout le reste devient inutile.* » Napoléon introduit là une véritable nouveauté par rapport au XVIIIe siècle où la bataille n'était perçue que comme la fin ultime, une fois épuisées toutes les autres possibilités. L'objectif unique de Napoléon, à part peut-être au début de la campagne de 1809, est la destruction totale des forces adverses par la recherche immédiate du combat décisif. Son système de guerre, de ce fait, est donc essentiellement offensif.

Cette pratique n'est toutefois pas le fait du génie napoléonien ; elle a déjà été entrevue, par exemple, par Carnot dans sa réflexion sur la gestion des troupes engagées. On observe donc la mise en application de ce principe fondamental dans toutes les manœuvres napoléoniennes, si bien que Napoléon peut, un jour, avouer au maréchal Gouvion-Saint-Cyr : « *Si jamais je venais à rédiger un jour les principes de la guerre, on serait étonné de leur simplicité.* »

Les grands modèles de manœuvres napoléoniennes

En fait, ces manœuvres se résument à deux mouvements fondamentaux, sans cesse retravaillés et réinterprétés selon le terrain d'affrontement.

La manœuvre sur les derrières

Napoléon l'emploie quand il a sur son théâtre principal d'opérations la supériorité totale. Elle consiste à jeter son armée sur les derrières de l'ennemi pour le ramasser dans ses filets. On retrouve cette manœuvre à Arcole, Ulm ou Friedland. Parfois, elle n'a pas donné les résultats escomptés, en raison de difficultés d'exécution ou d'imprévus, comme le montreront les ultimes campagnes impériales.

La manœuvre sur position centrale

C'est le second mouvement observé dans les batailles napoléoniennes. Si Napoléon n'a pas la supériorité totale en effectif, il cherche alors, soit à profiter de leur dispersion initiale, soit à les diviser, pour prendre entre les différents corps ennemis une position centrale d'où il manœuvre pour les écraser successivement. Montenotte (1796) est le prototype de cette manœuvre.

Une stratégie de la mobilité

La vitesse d'exécution joue un rôle primordial dans des victoires comme Ulm. Le bon sens des grognards les pousse, d'ailleurs, à dire après la bataille que *« l'Empereur a gagné avec leurs jambes »*. Pour les campagnes de 1796, 1805 ou 1806, les étapes moyennes sont de 25 kilomètres avec des pointes à 50-55 kilomètres par jour.

Napoléon et la guerre moderne[7]

Finalement, Napoléon se révèle être un chef représentatif des mutations de l'art militaire de son temps. Certains historiens considèrent aujourd'hui que la Révolution et l'Empire constitue une étape importante vers la guerre moderne, la guerre totale. L'introduction de l'idéologie au sein des forces révolutionnaires puis de la Grande Armée en serait l'une des raisons principales. L'incapacité de Napoléon à mettre fin à la course en avant des conquêtes françaises mais, au contraire, à l'aggraver, en serait également responsable. Tilsit est pourtant le signe que Napoléon a cherché à rendre pérennes ses victoires. Plus que les violences croissantes des guerres impériales (elles sont peu le fait du champ de bataille mais plutôt des terrains de guérilla), la massification des troupes engagées et la montée en puissance du rôle de l'artillerie inscrivent Napoléon dans cette mutation. Toutefois, elle débute au milieu du XVIIIe siècle et s'achève avec la Grande Guerre.

7. David A. Bell, *La première guerre totale : l'Europe de Napoléon et la naissance de la guerre moderne*, Paris, Champ Vallon, « La chose publique », 2010, 416 pages.

Partie 3

Le mirage de la IVe dynastie

Chapitre 8

Les premières fautes

En 1807, Napoléon semble écraser l'Europe sous sa domination. Pourtant, les éléments qui mèneront l'Empire à sa chute se mettent alors en place : ce sont les premières fautes de Napoléon. Elles résultent d'abord de la volonté napoléonienne d'enraciner la monarchie impériale sur le continent européen.

Un système impérial continental

La noblesse impériale

Après la création de la Légion d'honneur en 1802 et la mise en place de titres princiers et curiaux en 1804, Napoléon souhaite fonder les élites de son régime sur la fusion entre aristocratie d'Ancien Régime et nouvelles couches dirigeantes issues de la Révolution. La noblesse impériale doit constituer un creuset commun. Après quelques titres ducaux préalablement distribués à partir de 1806, la noblesse est définitivement mise en place le 1er mars 1808. Hiérarchisée, elle correspond à l'exercice d'une fonction publique : les grands dignitaires du régime sont princes ; les ministres, sénateurs, conseillers d'État, présidents du Corps législatifs ou archevêques sont comtes ; les évêques et hauts fonctionnaires barons. Les généraux peuvent recevoir l'un ou l'autre de ces derniers titres, tandis que les décorés de la Légion d'honneur sont faits chevaliers d'Empire. Cette noblesse est donc d'abord une aristocratie de fonction, une construction de la méritocratie.

Toutefois, par lettre patente, l'Empereur peut rendre le titre nobiliaire héréditaire si le récipiendaire constitue un majorat, c'est-à-dire des biens fonciers ou de rentes immobilisées dans un domaine inaliénable. S'il doit être de 200 000 francs pour les titres les plus prestigieux, il n'est que de 3 000 francs pour les chevaliers, soit une fortune assez modeste. En fait, à partir de 1810 surtout, Napoléon envisage de rapprocher la nouvelle noblesse de l'ordre privilégié d'Ancien Régime. Il confie à Cambacérès : « *Il convient, par des mesures sages et indirectes, de faire participer toute la France aux avantages de l'institution des titres héréditaires. S'il n'en est pas ainsi, cette institution ne sera jamais nationale : elle ne fera point oublier ceux qui, autrefois, jouissaient des prérogatives de la noblesse. Un des moyens les plus propres à raffermir cette institution serait d'y associer les anciens nobles, avec des réserves et des modifications que la prudence commande.* » Au cours de son règne, Napoléon crée environ 3 300 titres dont les trois quarts sont des militaires.

Le blocus continental

Le système napoléonien fonctionne selon une logique simple : l'Europe doit obéir à l'Empereur des Français. Cette obéissance a sa logique politique ; elle en a également une sur le plan économique. Ennemi centenaire, l'Angleterre est une puissance irréductible pour l'Empereur depuis la défaite de Trafalgar. Napoléon ne peut venir à bout de la Grande-Bretagne qu'en étouffant son commerce. Il écrit à son frère Louis, roi de Hollande, qu'il va « *reconquérir les colonies par terre* » et « *vaincre la mer par la terre* ». Le 21 novembre 1806, le décret de Berlin met en place le blocus continental contre l'Angleterre. Les marchandises anglaises sont saisies et tout citoyen britannique présent dans l'Empire est arrêté et considéré comme prisonnier de guerre. Le commerce avec l'Angleterre est désormais interdit. Les conditions sont durcies par les décrets de Milan en 1807. Le 23 novembre, le premier ordonne la saisie des navires ayant mouillé dans un port anglais et interpelle les Américains sur leurs relations commerciales avec leur ancienne métropole. Le 17 décembre, le second précise qu'il suffit que le navire se soit acquitté d'un droit envers la Grande-Bretagne pour être de bonne prise.

Cette politique doit, en principe, provoquer une accumulation importante outre-Manche des marchandises invendues. Cela doit ensuite déclencher une forte hausse de l'inflation puis une baisse du pouvoir d'achat. Or, depuis quelques années déjà, les exportations britanniques vers le continent européen sont en recul et se sont redirigées vers la Russie, la Scandinavie mais aussi les États-Unis. Après l'accord passé à Tilsit avec Alexandre Ier, Napoléon croit pouvoir atteindre rapidement l'effet recherché : les exportations britanniques chutent de 20 % en 1807.

La logique des invasions

La logique du système continental mène Napoléon à se rendre maître de davantage de régions côtières européennes. Le 2 février 1808, les États pontificaux sont occupés. Pour mettre fin à la contrebande dans le port de Livourne, la Toscane, Parme et Plaisance sont annexées par l'Empire. Auparavant, Napoléon a souhaité s'assurer le contrôle des côtes de la péninsule ibérique, l'une des principales portes d'entrée des marchandises anglaises sur le continent.

En effet, depuis le début du XVIIIe siècle, le Portugal est devenue une sorte de colonie économique de l'Angleterre. Lisbonne refuse donc d'adhérer à ce blocus qui signifierait la ruine de son économie. Or le souverain espagnol, Charles IV, et son principal ministre, Godoy, souhaitent profiter de l'occasion pour agrandir leur royaume. Un traité de partage du Portugal est conclu à Fontainebleau entre Charles IV et Napoléon. Le général Junot traverse les terres espagnoles et marche sur Lisbonne sans rencontrer de résistance. La famille régnante, les Bragance, préfère fuir dans sa colonie brésilienne plutôt que de coopérer avec l'envahisseur. Junot établit rapidement l'autorité française sur le royaume lusitanien : *« Depuis deux jours, j'ai été occupé à ramener la tranquillité dans la ville de Lisbonne. Une portion de la plus vile canaille qui inonde les rues de cette capitale avait insulté des soldats et ne voulait pas voir flotter le drapeau tricolore : quelques coups de fusil et une commission militaire ont ramené le calme »*, écrit-il à Napoléon.

Junot et l'échec portugais

Après avoir instauré le premier régime constitutionnel de l'histoire portugaise, Junot prend une série de mesures impopulaires (interdiction de réunions liées à des pratiques traditionnelles, lourdes contributions...) et laisse se développer le pillage du pays. Dès le printemps 1808, l'armée française multiplie les actes de violente répression face au soulèvement populaire. Durant l'été, le futur duc de Wellington, Wellesley, commandant un corps expéditionnaire britannique, vient soutenir la révolte. Le général anglais bat l'armée française. En signant la convention de Cintra le 30 août, Junot obtient seulement d'évacuer sa troupe vers la France.

Le guêpier espagnol

Un imbroglio familial

Les appétits napoléoniens s'élargissent à l'ensemble de la péninsule ibérique. Il est inspiré par le modèle de Louis XIV. En plaçant son petit-fils sur le trône espagnol, celui-ci avait assuré la suprématie des Bourbons en Europe. Surtout, la piètre image renvoyée par la famille royale espagnole conforte Napoléon dans cette ambition. Velléitaire, dominé par son épouse et son favori Godoy, Charles IV est en désaccord avec le prince héritier, Ferdinand. Les mésententes familiales poussent Napoléon à profiter de la présence sur le sol espagnol de ses troupes qui font route vers le Portugal. Au début de l'année 1808, à la tête de 50 000 hommes, Murat prend le contrôle de Barcelone puis marche en direction de Madrid. Mais un soulèvement contre la politique de Godoy pousse Charles IV à abdiquer en faveur de son fils proclamé roi sous le nom de Ferdinand VII. Chacun de leur côté, père et fils cherchent à obtenir l'appui de Napoléon pour se maintenir sur le trône. L'Empereur leur propose sa médiation au cours d'une entrevue à Bayonne le 5 mai. Là, Ferdinand est forcé d'abdiquer et son père offre la couronne à Napoléon. Les deux Bourbons sont éloignés des Pyrénées et retenus en résidence surveillée.

L'insurrection madrilène

Peu auparavant, le 2 mai, le peuple madrilène s'est opposé au départ des Infants et s'est soulevé contre les Français. L'insurrection populaire est brutalement réprimée par Murat. Le lendemain, Murat décrète que *« du sang français a coulé ; il demande à être vengé »*. Il ordonne que l'on passe par les armes les quelque 400 Espagnols qui avaient été arrêtés parmi les manifestants la veille.

L'insurrection sous le pinceau de Francesco Goya

En 1814, alors que l'Empire napoléonien est sur le point de s'écrouler et que Ferdinand VII est remonté sur le trône espagnol, Goya choisit d'immortaliser deux scènes du début de la « guerre d'indépendance » contre les Français. Il représente des mamelouks à cheval attaqués par la foule le *Dos de Mayo* (2 mai). Mais l'œuvre qui marque le plus la mémoire des événements est l'exécution d'un révolté dans une attitude christique face à l'anonymat des grognards qui le fusillent le *Tres de Mayo* (3 mai).

La poigne employée par Murat s'explique par son espoir de se voir placé sur le trône espagnol, désormais vacant, en récompense de ses loyaux services. Napoléon est satisfait : *« L'opinion espagnole se plie à mon désir. La tranquillité est rétablie partout, il paraît bien qu'elle ne sera troublée nulle part.* » Pourtant, il désigne à Madrid Joseph qui laisse sa couronne napolitaine à Murat.

Premières défaites : un signe pour l'Europe

Contrairement aux espoirs de Napoléon, l'insurrection se propage aux Asturies, à l'Aragon ou à la Galice. Plus qu'un soulèvement patriotique, cette diffusion de la révolte répond à un sentiment de perte d'identité, de disparition de repères pour une communauté dont la monarchie bourbonienne constituait le ciment. L'Empereur pensait pouvoir s'appuyer au sein des élites espagnoles sur une large majorité d'hommes inspirée par les Lumières et soucieuse de moderniser leur pays, les *Afrancesados*. Il doit s'en remettre aux armées françaises. Le maréchal Bessières ouvre la route de Madrid à Joseph qui s'installe dans sa nouvelle capitale le 20 juillet. Mais, deux jours plus tard, se déroule la première capitulation d'un général français. Envoyé rétablir l'ordre en Andalousie à la tête de 20 000 hommes, Dupont voit en effet ses troupes harcelées et ne parvient pas à opérer sa retraite vers la capitale. Il doit se rendre à l'adversaire à Bailén. Au lieu d'être renvoyés en France, comme le prévoyait l'accord signé, ses soldats sont déportés vers des pontons à Cadix. Ils subiront ensuite de terribles conditions de détention sur l'îlot de Cabrera.

L'enfer de Cabrera

De mai 1809 à la chute de l'Empire en 1813, près de 12 000 soldats napoléoniens vont être déportés vers Cabrera, petite île désertique des Baléares. Aucun gardien n'assure leur surveillance sur l'île. Les déportés doivent bâtir eux-mêmes un abri pour dormir ou se mettre à l'ombre. La détention sur Cabrera est particulièrement rude car seule une petite source assure le ravitaillement en eau. En août 1813, un petit groupe de soldats parvient à s'évader en s'emparant des chaloupes de pêcheurs venus trop près de la côte. Les autres seront libérés en mai 1814. Seuls 2 000 hommes ont réchappé à cette déportation.

Vers l'enlisement

La prise en main par Napoléon

À la nouvelle de la défaite, Joseph préfère s'enfuir de Madrid. La situation exige que l'Empereur prenne personnellement la tête des troupes dans la péninsule.

Le « parterre de rois »

Avant de s'éloigner de Paris, Napoléon veut assurer ses arrières. Il organise une nouvelle rencontre avec Alexandre Ier de Russie à Erfurt. Le tsar cherche à amadouer l'Empereur. Pour effacer les revers ibériques, Napoléon affiche sa puissance en venant en compagnie de ses vassaux allemands. Les discussions se déroulent dans une débauche de luxe. L'Europe entière commente le « *parterre de rois* » à genoux devant l'ancien général révolutionnaire. Pourtant, les deux empereurs s'entendent *a minima* : Alexandre obtient d'avoir les mains libres en Finlande et dans les provinces danubiennes, ainsi qu'une révision des conditions imposées à son allié prussien. Napoléon n'arrache que la promesse russe d'un soutien en cas d'entrée en guerre de l'Autriche. En secret, c'est Talleyrand qui pousse Alexandre Ier à résister aux exigences de Napoléon : « *Le Rhin, les Alpes, les Pyrénées sont les conquêtes de la France ; le reste est la conquête de l'Empereur, la France n'y tient pas.* »

À la tête de 80 000 hommes, Napoléon réorganise son dispositif militaire dans la péninsule. Soult s'empare de Burgos et Valladolid. Fort de ces victoires, Napoléon se présente devant le défilé de Somosierra où les chevau-légers polonais lui ouvrent la route de Madrid. Installé dans la capitale espagnole au début du mois de décembre, il met en place de nombreuses réformes : suppression du régime féodal, fermeture de la plupart des couvents, abolition de l'Inquisition espagnole, confiscation des propriétés des chefs insurgés, dissolution des juntes... Les mesures contre l'Église et les pillages des armées annulent cependant le bénéfice qu'aurait pu tirer Napoléon de sa victoire militaire.

Un rétablissement fragile

La campagne de la Grande Armée ramène donc Joseph à Madrid où il va se maintenir jusqu'en 1812.

Napoléon, Joseph et l'Espagne

Dès cette époque, Joseph affiche son scepticisme et tient tête à son frère : « *Personne ne dit toute la vérité à Votre Majesté ; il n'y a pas un Espagnol qui se montre pour moi. Non, Sire, vous êtes dans l'erreur, votre gloire échouera en Espagne.* » Longtemps considéré comme un personnage un peu falot, le frère aîné de Napoléon refuse d'endosser le costume de « roi-préfet » (l'expression est de Lucien Bonaparte). Approuvant les réformes modernisatrices de l'Empereur en Europe, moins convaincu par la centralisation du Grand Empire à Paris, Joseph se heurte de plus en plus franchement à Napoléon[8].

8. Vincent Haegele, *Napoléon et Joseph. Le pouvoir et l'ambition*, Paris, Tallandier, 2010, 638 pages.

Mais l'Empereur doit rentrer précipitamment à Paris au début de l'année 1809, rappelé par les signes de préparatifs militaires de l'Autriche et par les intrigues de Talleyrand qui s'est rapproché de Fouché.

Les colères napoléoniennes

L'Empereur est coutumier de colères, souvent feintes, pour impressionner ses interlocuteurs. La convocation aux Tuileries de Talleyrand pour lui demander des comptes sur son attitude est l'une des plus célèbres. S'emportant, Napoléon lui aurait lancé : *« Vous êtes un voleur ! Vous êtes un lâche, un homme sans foi ; vous ne croyez pas en Dieu... Vous avez trahi tout le monde (...). Ah ! Tenez, vous êtes de la m... dans un bas de soie. »*

Dans la péninsule, Soult repousse le corps expéditionnaire anglais, qui réembarque avant de marcher sur Porto. Sa progression est pourtant arrêtée par Wellesley à Talavera. Lannes et Moncey butent pendant plusieurs mois sur la défense acharnée de Saragosse. Ils finissent par investir la ville en février en progressant rue par rue. De fait, la résistance frappe partout les soldats napoléoniens isolés ; les deux camps déchaînent les violences pour venir à bout de l'ennemi. L'obstination de l'Empereur de garder coûte que coûte le contrôle de la péninsule ibérique n'emporte pas l'adhésion de Marbot, célèbre mémorialiste présent en Espagne : *« Napoléon méprisa trop les peuples de la péninsule et crut qu'il suffirait de montrer des troupes françaises pour obtenir d'elles tout ce qu'on voudrait ; ce fut une grande erreur. »*

Chapitre 9

À la tête d'un empire européen

Malgré les difficultés en Espagne, l'Empereur façonne la carte européenne et se taille la part du lion. L'ancien « *petit caporal* » est désormais l'homme le plus puissant du continent et la France issue de 1789 un modèle que les monarchies européennes ne sont pas en mesure de faire disparaître.

Le gouvernement du Grand Empire

Au cœur du pouvoir : Napoléon aux Tuileries

Napoléon a 40 ans en 1809. L'homme dégingandé et au teint olivâtre de brumaire a pris de l'embonpoint : « *Il engraissa beaucoup mais sans rien perdre de la beauté de ses formes* », témoigne son valet Constant. Au contraire, « *il était mieux sous l'Empire que sous le Consulat, sa peau était devenue très blanche et son teint animé* ». De constitution robuste, l'Empereur n'est toutefois pas épargné par des ennuis de santé. Talleyrand a rendu compte de troubles qui ressemblent à des crises d'épilepsie. Conséquence de longues heures passées à cheval mais aussi des antécédents familiaux, Napoléon se plaint surtout de problèmes abdominaux qui iront croissant au cours de sa vie.

Mal à l'estomac ?

La coïncidence entre les maux gastriques de Napoléon et son habitude de glisser la main dans son gilet ont laissé penser que ce geste visait à apaiser ses douleurs. En réalité, il relève de règles d'éducation, reçues dans son enfance et inspirées par les frères des écoles chrétiennes du XVIIIe siècle.

Quand il est présent à Paris, la journée de l'Empereur se déroule selon une étiquette de Cour de plus en plus stricte. Après des nuits assez courtes (quatre à six heures en moyenne), Napoléon se lève entre 6 et 7 heures. L'Empereur est d'une grande hygiène. S'il est fréquent qu'on lui prépare un bain en pleine nuit pour travailler, celui-ci intervient plus systématiquement le matin après qu'il s'est lui-même rasé. Son secrétaire lui lit les dépêches et fait le commentaire de la presse quotidienne. À 9 heures, le lever officiel de Napoléon est l'occasion de faire le point avec les ministres et chefs de service présents avant de poursuivre par des audiences particulières. L'essentiel de la journée se déroule dans le cabinet de travail où il dicte si vite que les mots butent parfois sur ses lèvres.

Toujours pressé, Napoléon mange vite et peu au déjeuner. Son plat préféré : les macaronis, qu'il accompagne volontiers d'un verre de chambertin coupé d'eau. Deux fois par semaine, l'Empereur se rend au Conseil d'État. À 18 heures, le dîner se déroule en principe en tête à tête avec l'impératrice. Puis viennent les heures de présence auprès de la Cour, même s'il est fréquent que Napoléon s'éclipse pour retourner achever une tâche urgente. À 22 heures, il se retire pour rapidement se coucher. Il se relève souvent entre 2 et 4 heures pour une nouvelle séance de travail : « *Je suis né et construit pour le travail,* dit-il, *je ne connais pas chez moi les limites de mes forces.* » Plus que cette réalité d'un travailleur acharné, la propagande a façonné l'image d'un visionnaire. Entouré de maréchaux aux uniformes plus extravagants les uns que les autres, Napoléon cultive pourtant l'image d'un chef tout en sobriété. Il porte volontiers l'uniforme de colonel de la Garde. La silhouette de l'Empereur dans sa petite redingote grise devient légendaire.

L'Empereur et son entourage

De plus en plus persuadé de sa supériorité, Napoléon gère toutes les affaires de l'Empire en personne. Paradoxalement, il se montre souvent hésitant lorsqu'il faut prendre une décision. Son orgueil et sa pratique du pouvoir le rendent de plus en plus méfiant envers ses serviteurs. Peu à peu, il choisit des personnalités moins fortes et plus soumises à son autorité : Maret puis Caulaincourt remplacent Talleyrand aux Relations extérieures ; Savary supplée Fouché à la tête de la Police en 1810. Les hommes issus des courants les moins favorables à la Révolution sont de plus en présents. Il affirme volontiers : « *J'ai toujours remarqué que les honnêtes gens ne sont bons à rien. Réussissez ! Je ne juge les hommes que par les résultats de leurs actes.* »

Vers un despotisme éclairé ?

Un encadrement despotique

L'évolution de la personnalité de Napoléon et du fonctionnement du régime rapproche le régime impérial du modèle du despotisme éclairé des grands monarques européens du XVIIIe siècle. Barante écrit ainsi : « *Si Austerlitz fut le véritable établissement de l'Empire, Tilsit fut l'acceptation universelle du despotisme.* » En 1807, le Tribunat est supprimé. Les libertés restent extrêmement encadrées. La presse est étroitement surveillée par les services de Fouché à qui Napoléon ordonne : « *Réprimez un peu les journaux, faites-y mettre de bons articles, faites comprendre aux rédacteurs des* Débats *et du* Publiciste *que le temps n'est pas éloigné où, m'apercevant qu'ils ne me sont pas utiles, je les supprimerai avec tous les autres.* »

La police de Fouché

La légende a fait de la police impériale un outil redoutable. En réalité, son efficacité est limitée par des lenteurs administratives. Il n'en reste pas moins que Fouché a développé des réseaux de mouchards dans tous les milieux, jusqu'à Joséphine dit-on, et dans tous les territoires du Grand Empire. Le ministre fait pourtant un usage modéré de son grand pouvoir, entretenant notamment une certaine mesure dans les conditions imposées aux royalistes emprisonnés. La confiance relative qu'accorde Napoléon à Fouché le pousse à organiser plusieurs polices concurrentes. Une police d'information et de surveillance instruit directement l'Empereur qui donne pour consigne à Duroc, Grand maréchal du Palais : « *Surveillez tout le monde, sauf moi !* »

Les Églises, outil d'encadrement social

Napoléon souhaite également contrôler l'enseignement et s'appuyer sur l'Église pour encadrer la société : « *Tant qu'on n'apprendra pas dès l'enfance s'il faut être républicain ou monarchique, catholique ou irréligieux, l'État ne formera point une Nation, il reposera sur des bases incertaines.* » En 1806, le catéchisme impérial est institué. Le clergé relaie l'autorité de l'État dans tout l'Empire. Chez les protestants, les pasteurs jouent le même rôle. En échange, le budget en faveur de l'Église est augmenté et les consistoires sont réorganisés. En 1808, trois décrets rapprochent l'organisation du culte israélite du modèle proposé aux protestants. La politique de Napoléon vise à faciliter l'assimilation des Juifs dans l'Empire.

Dans l'esprit de Napoléon, l'importance des Églises repose largement sur leur rôle éducatif. Dès 1806, l'idée de créer une Université publique qui engloberait les enseignements supérieur, secondaire et primaire surgit. Les décrets sont publiés en mars 1808. Sous la direction d'un Grand-Maître, l'Université fixe l'organisation générale des enseignements et délivre les diplômes correspondants, notamment le baccalauréat dont c'est la naissance. L'Empire est découpé en trente-deux académies, dirigées par un recteur. Il est assisté par des inspecteurs d'académie. Sous leur responsabilité, les enseignants – qui ne peuvent pas se marier – composent une forme de corporation astreinte à un engagement vis-à-vis de l'État. Ils sont recrutés par le concours de l'agrégation et formés à l'École normale.

Vers la « fonction publique » moderne

De façon générale, le Consulat et l'Empire fondent une vraie « fonction publique », même si l'expression est anachronique. Alors que la Révolution avait imaginé des agents publics élus, Napoléon insiste sur l'importance de la compétence et de la stabilité des personnels désignés par l'État. Les services, centraux comme préfectoraux, sont uniformisés et les règles de travail clairement définies. On établit une hiérarchie et les traitements sont échelonnés en conséquence. La technicité accrue se décline par un effort de codification : du Commerce, de Procédure civile ou d'Instruction criminelle. La justice mise en place par Napoléon repose donc sur une législation clarifiée et dont la sévérité est globalement accrue. Elle atteint assez bien l'objectif impérial d'adapter la tradition d'Ancien Régime aux évolutions sociales induites par la Révolution. Les réformes se traduisent également par la création de nouvelles institutions.

La Cour des comptes

Créée en 1807, elle reprend un principe de contrôle existant depuis l'Ancien Régime mais largement discrédité par différents scandales sous la Révolution. Elle vérifie les comptes d'institutions publiques sans pouvoir juger de la légalité des dépenses. Ses conclusions sont directement remises à l'Empereur.

L'Europe sous domination française

La diffusion du modèle français

Entre 1807 et 1810, l'Europe napoléonienne s'organise progressivement. Dans l'espace germanique, le royaume de Westphalie est confié à Jérôme pour servir d'État modèle dans la transposition des lois et règles héritées de 1789. L'Empereur écrit ainsi à son frère cadet : « *Que les individus qui ne sont point nobles et qui ont des talents aient un droit égal à votre considération et aux emplois ; que toute espèce de servage et de liens intermédiaires entre le souverain et la dernière classe du peuple soit entièrement abolie [...]. Il faut que vos peuples jouissent d'une liberté, d'une égalité, d'un bien-être inconnus aux peuples de la Germanie.* » La plupart des États soumis à l'emprise napoléonienne s'organisent selon les nouvelles normes françaises : le royaume d'Italie comprend ainsi vingt-quatre départements, celui de Westphalie huit... Comme en France, les administrations se centralisent et se hiérarchisent ; la justice se réforme, l'impôt foncier s'uniformise et s'appuie sur des cadastres. Les réformes accomplies dans les royaumes de Wurtemberg et de Bavière sont tout à fait significatives.

Napoléon, père de l'Europe ?

Soucieux de forger sa légende, Napoléon affirmera à Sainte-Hélène avoir eu pour ambition de fonder les peuples européens dans un creuset commun : « *Une de mes grandes pensées a été l'agglomération, la concentration des mêmes peuples géographiques qu'ont dissous, morcelé les révolutions de la politique.* » L'Empereur affirme qu'il « *aurait fait les États-Unis d'Europe* ». En réalité, il s'agit plutôt d'une Europe française que met en place l'Empereur.

Au service de la grandeur napoléonienne

En sens inverse, le pillage systématique des œuvres d'art qui a accompagné les campagnes victorieuses est dirigé vers Paris. En 1806 et 1807, un catalogue des prises de la Grande Armée recense quelque 367 tableaux d'« *artistes dont les noms et les talents méritaient d'être admis dans le musée Napoléon* ». Parmi eux, treize Cranach et dix-sept Rembrandt. Ces aspects sont des facteurs importants des résistances à l'occupation française.

Des zones de résistances sporadiques

Les oppositions à Napoléon n'ont jamais totalement disparu. En France, les oppositions royaliste ou républicaine, bien qu'affaiblies, traversent la période. En Europe, la Calabre constitue un foyer particulièrement actif comme le montre l'embrasement de 1806. Les bandes dirigées par des chefs comme Fra Diavolo sont durement réprimées par les forces françaises[9].

9. Nicolas Cadet, *Un paradis habité par les diables : la guerre de Calabre de 1806-1807. Expérience combattante et violence de guerre sous le premier Empire*, thèse sous la direction de S. Audoin-Rouzeau, EHESS, 2008.

Enfin, de plus en plus nettement, se dessine chez Napoléon la volonté d'accomplir un destin impérial. Les références à Louis XIV mais surtout à Charlemagne sont de plus en plus perceptibles dans la politique extérieure.

Favoriser la puissance industrielle française

La politique napoléonienne vise à favoriser l'industrie française et à lui assurer des débouchés dans le Grand Empire. Les manufactures nationales sont alors dans une période de dynamisme, après le rebond amorcé sous le Consulat. Le textile est l'une des bases de ce dynamisme. Le coton est en plein essor en Normandie, dans le Nord ou dans la région de Mulhouse. Les ateliers français de filature mécanique représentent les deux tiers des capacités européennes.

Oberkampf, symbole de l'essor industriel

Fondée en 1760 à Jouy-en-Josas, la manufacture d'Oberkampf est sous l'Empire la plus grande fabrique d'indiennes de coton du continent. Sa prospérité vaut à Christophe Oberkampf de recevoir la Légion d'honneur lors de la visite de Napoléon. Employant plus de 1 000 personnes sous l'Empire, Oberkampf décide en 1806 de créer de nouveaux ateliers de filature et de tissage dans l'Essonne. Il ouvre même une école de chimie à Jouy, y faisant venir les meilleurs enseignants.

Le secteur de la chimie connaît ses premiers progrès (savon, papiers peints, teinture). La sidérurgie est également en pleine croissance. En 1809, sa production est supérieure de 50 % à celle de 1789. Mais la grande faiblesse de ce modèle industriel français est qu'il repose sur les barrières douanières. Il ne se préoccupe plus d'être compétitif face à la concurrence britannique qui ne peut pénétrer le continent. Les manufactures nationales peinent également à irriguer les confins de l'Europe napoléonienne où la contrebande est de plus en plus présente. Dans le reste de l'Empire, le développement industriel régional est plus ou moins important. En revanche, les ports hanséatiques (Hambourg ou Lübeck) souffrent du blocus continental et de l'arbitrage impérial en faveur des routes continentales.

En effet, dans la continuité de la Révolution, Napoléon n'arrive pas à relancer le grand commerce maritime, facteur majeur de la croissance économique française au XVIIIe siècle. Les grands ports mais aussi leur *Hinterland* qui peut pénétrer jusqu'à 200 kilomètres à l'intérieur des terres, sont affectés. En Méditerranée, où les Britanniques sont également maîtres de l'espace maritime, Marseille est plongée dans les mêmes difficultés qui sont l'un des principaux facteurs du profond anti-napoléonisme de la ville et de la Provence.

Des conceptions économiques d'Ancien Régime

Comme dans beaucoup de domaines, Napoléon est inspiré par les conceptions économiques de l'Ancien Régime. Profondément influencé sans doute par la crise des années 1780 qui a amené la chute de la monarchie, l'Empereur se montre partisan d'une gestion très rigoureuse des finances publiques. Il s'appuie d'ailleurs dans ce domaine sur des spécialistes en qui il peut avoir confiance, comme son ministre Gaudin.

L'Empereur est favorable au libéralisme économique. À l'instar des physiocrates, il considère que l'agriculture est « *l'âme, la base première de l'Empire* ». Soucieux de l'ordre public et des conséquences politiques d'une éventuelle disette, il se montre très attentif aux prix des céréales. Napoléon a surtout une conception très colbertienne de l'économie : « *Pour faire prospérer les manufactures nationales, il faut les protéger par des lois prohibitives : beaucoup de lois, encore plus de règlements, voilà les moyens de gouverner.* » Dans cette logique, le régime multiplie les organismes d'encadrement du Conseil général du Commerce en 1801 au Conseil des Fabriques et des Manufactures en 1810. On encourage également les innovations techniques. L'administration impériale soutient, par exemple, l'introduction de nouvelles cultures agricoles : betterave à sucre, pomme de terre. Elle facilite le développement du métier Jacquard dans la région lyonnaise.

La politique de grands travaux

Napoléon s'inscrit dans la continuité des idées physiocratiques du XVIIIe siècle et cherche notamment à faciliter les échanges commerciaux à l'intérieur du grand Empire. Pour cela, les Ponts et Chaussées sont réformés en 1804. Napoléon développe un réseau routier en étoile à partir de Paris. Un classement numérote les principales voies dites « impériales » qui relient Paris aux grandes villes de l'Empire et aux capitales des États vassaux. Il fait creuser des canaux (canal de l'Ourcq dans le Bassin parisien par exemple) ou des tunnels (travaux au Simplon et au Mont-Cenis). Les ports d'Anvers ou de Dunkerque sont agrandis et des villes nouvelles sont créées (La Roche-sur-Yon ou Pontivy).

La même logique de meilleure circulation est appliquée à Paris et de nouveaux ponts sont réalisés pour réunir les deux rives de la Seine : pont des Arts avec la première ossature en métal, pont d'Austerlitz, d'Iéna ou encore passerelle Saint-Louis entre les îles. En 1808, le bassin de la Villette est inauguré. Comme le dit Napoléon, *« il y a plus à détruire qu'à bâtir [...]. N'est-il pas urgent de désinfecter par de larges courants d'air ? »* En effet, la ville étouffe dans sa structure urbaine largement héritée du Moyen Âge. Elle passe de 550 000 habitants en 1801 à plus de 700 000 à la fin de l'Empire. Dès le Consulat, on détruit la vieille prison du Châtelet et on lance les travaux de percement de la rue de Rivoli. Les rues sont peu à peu pavées, éclairées, numérotées et munies de trottoirs. De nouvelles fontaines sont installées pour l'alimentation en eau. On développe des marchés de gros (halle aux vins des fossés Saint-Bernard par exemple) et des abattoirs. Ces programmes utilitaires sont jugés prioritaires par Napoléon et cela explique l'inachèvement de ses ambitions monumentales.

Une transformation inachevée

Le paysage architectural de la capitale est finalement peu modifié. Commencée avant la Révolution, la Madeleine devait devenir dans l'esprit de Napoléon un Temple à la gloire de la Grande Armée. La célébration des victoires militaires donne également lieu à l'édification de l'arc du Carrousel par Fontaine et Percier et à l'érection de la colonne Vendôme. Seuls les fondements de l'arc de triomphe de l'Étoile sont jetés en 1815. Le palais Brongniart doit chanter la puissance commerciale et ne sera, lui aussi, achevé qu'après la chute du régime. Mais le plus grand projet est la construction d'un nouveau centre administratif et militaire sur la colline de Chaillot. Décidé en 1811, ce projet d'un « palais du roi de Rome » est abandonné après l'échec de la campagne de Russie.

Une société bien encadrée

Des masses fidèles ou indifférentes

Plus que les villes comme Paris, ce sont les campagnes qui regroupent encore 80 % de la population française. C'est pourquoi cette masse rurale retient toute l'attention de l'Empereur, plus particulièrement les coqs de villages, ces paysans propriétaires souvent enrichis par la vente des biens nationaux : « *Que m'importe l'opinion des salons et des caillettes. Je ne l'écoute pas. Je n'en connais qu'une, c'est celle des gros paysans ; tout le reste n'est rien.* » Les campagnes sont plutôt fidèles au régime grâce à la reprise économique agricole. Ainsi, de 1796 à 1815, la production agricole augmente de 48 %, stimulée par les besoins de l'armée et la demande urbaine. D'ailleurs, s'amorce une spécialisation régionale dans le pays d'Auge ou le Charolais. Jusqu'en 1810 au moins, l'impression d'une hausse du niveau de vie semble se dégager du monde rural, au-delà de la diversité sociale et régionale.

Le monde ouvrier connaît également une hausse de son niveau de vie, au moins durant la première moitié de la période napoléonienne. En 1811, on compte 1,7 million ouvriers dans l'Empire (sans compter les femmes et les enfants). À Paris, ils ont constitué les principaux acteurs des journées révolutionnaires. Aussi Napoléon veille-t-il à ce qu'ils reçoivent autant que possible du travail et du pain. Il favorise la distribution de farine lors des crises alimentaires ; la politique de grands travaux est lancée lors de la crise de 1805-1806 pour employer les ouvriers du bâtiment parisien.

Les conseils des prud'hommes

Ils sont créés en mars 1806, à l'imitation d'instances de conciliation mises en place dans l'industrie soyeuse de Lyon l'année précédente. Les employeurs y sont majoritaires mais les prud'hommes permettent cependant la prise de parole des élites ouvrières sur le droit du travail. On dénombre vingt-six conseils de prud'hommes en 1813.

Sous l'Empire, le monde ouvrier est donc calme. On ne compte guère plus de deux grèves par an.

La naissance des notables du XIXe siècle

Mais l'attention de Napoléon est davantage focalisée sur les élites. Les relais du pouvoir impérial consistent en un corps de 600 électeurs les plus aisés de chaque département. En plus de la richesse, la *« vertu publique »* est un critère important aux yeux de Napoléon. Tel notable fortuné peut être écarté des listes départementales s'il a manifesté des opinions trop clairement républicaines par exemple. Comme la contribution foncière est d'abord prise en compte, ce sont essentiellement des propriétaires terriens, anciens nobles ou bourgeois vivant de la rente. S'y ajoutent des négociants ou des professions libérales. Représentant environ 0,5 % de la société française, ils constituent donc le socle des nouvelles élites envisagées par Napoléon et favorisées par lui : *« Le véritable peuple de France, ce sont les présidents des cantons et les présidents des collèges électoraux ; c'est l'armée »* et non pas *« 20 000 ou 30 000 poissardes ou gens de cette espèce »*. L'Empire vient ainsi consacrer les mobilités sociales amorcées depuis la Révolution. L'armée est le principal vecteur d'ascension mais il y en a d'autres. En réalité, ces notables ne sont pas exempts de critiques vis-à-vis de l'Empereur.

L'échec napoléonien auprès des notables

Comme de nombreux Français, leur opinion sur le régime évolue au rythme des guerres. Ainsi, Benoît Lacombe, grand propriétaire à Gaillac dans le Tarn, adhère pleinement à l'Empire en 1805. En 1807, son enthousiasme est beaucoup moins patent dans sa correspondance et on ne trouve plus mention de l'Empereur dans celle-ci après 1809[10].

10. Natalie Petiteau, *Les Français et l'Empire*, Paris, Éditions universitaires d'Avignon, 2008, 278 pages.

Chapitre 10

Une crise multiforme

Napoléon semble tout-puissant en Europe et parfaitement obéi en France. Pourtant, l'enlisement ibérique donne de l'espoir à ses ennemis.

Des victoires de plus en plus coûteuses

Une nouvelle campagne

Désireuse d'effacer l'humiliante défaite de 1805, l'Autriche se prépare à entrer à nouveau en conflit avec Napoléon. Elle est poussée par la Grande-Bretagne dont les troupes sont déjà présentes au Portugal et qui menacent les côtes hollandaises. Durant l'été 1809, un corps expéditionnaire de 40 000 hommes prend pied sur l'île de Walcheren, à proximité de l'embouchure de l'Escaut. Mais le commandant anglais tergiverse et ne marche pas immédiatement sur Anvers. Très rapidement, il se retrouve isolé par un habile système de défense mis en place par Bernadotte. Affecté par des « fièvres », les Britanniques se réembarquent en septembre. La nouvelle de cette expédition n'a pas provoqué de soulèvement en Allemagne mais a révélé la faiblesse des défenses françaises dans la région.

L'absence de réaction allemande s'explique largement par les événements qui se sont déroulés entre-temps sur le continent. En effet, l'Autriche marche sur la Bavière au printemps. Elle sait pouvoir compter sur la bienveillante neutralité du tsar qui ne tient pas les engagements pris à Tilsit. Napoléon réagit avec célérité. Il contourne l'ennemi et le coupe de ses liaisons avec Vienne. La victoire d'Eckmühl lui permet de traverser le Danube et de s'emparer de Ratisbonne. La route de la capitale autrichienne est ouverte ; l'Empereur y fait son entrée, tandis que le gros des forces ennemies s'est retiré sur l'autre rive du Danube. À la recherche de la bataille décisive, Napoléon décide de passer le fleuve à Essling. Le combat (21-22 mai) tourne à l'avantage des Autrichiens et le maréchal Lannes meurt au cours de l'affrontement.

Wagram

L'Empereur installe la Grande Armée sur l'île Lobau pour préparer une nouvelle bataille qui lui permettra de renverser la situation en sa faveur. Les deux adversaires reçoivent des renforts en vue de l'affrontement décisif. Le 5 juillet, les Français prennent pied sur la rive gauche où sont solidement retranchées les forces ennemies. Le combat est frontal et très meurtrier. En fin de journée, Napoléon n'a pas réussi à s'emparer du plateau de Wagram. Le combat reprend le lendemain. Les Autrichiens lancent une offensive qui menace le centre de l'armée française mais elle est repoussée par une grande batterie de cent pièces de canon. Puis la Garde enfonce, à son tour, le centre autrichien. En fin de journée, l'ennemi se retire après avoir laissé près de 30 000 hommes sur le champ de bataille (tués ou blessés). Épuisée par ce rude combat, la Grande Armée ne peut mener une chasse efficace.

Une issue rapide

Les troupes autrichiennes ne sont pas anéanties mais démoralisées. Le 12 juillet, un armistice est signé. Le 14 octobre, l'empereur François doit accepter des conditions de paix très dures à Vienne : à l'ouest, la province de Salzbourg est rattachée à la Bavière ; à l'est, une partie de la Galicie est cédée au grand-duché de Varsovie ; au sud, les provinces illyriennes deviennent françaises. L'Autriche a perdu plus de 3 millions de sujets et son accès à l'Adriatique. Elle devra verser à la France une indemnité de 85 millions et adhérer au blocus continental.

La tentative d'assassinat de Staps

Le 12 octobre, un jeune étudiant, Friedrich Staps, est arrêté, alors qu'il s'approche de Napoléon à Schönbrunn. Fouillé, Staps porte sur lui un couteau et avoue son intention d'assassiner l'Empereur des Français. Le prenant pour un illuminé, Napoléon le fait examiner par son médecin. Devant l'évidente bonne santé mentale du jeune homme, il lui promet la vie sauve si Staps lui demande son pardon. Celui-ci refuse et affirme que c'est un devoir pour tout patriote allemand de tenter d'attenter à la vie de Napoléon. Il est finalement fusillé.

La péninsule ibérique : une plaie sur le flanc de l'Empire

Pendant qu'il triomphe en Autriche, Napoléon n'arrive pas à éteindre l'incendie espagnol. Le feu de la guérilla gagne du terrain dans la péninsule. L'opposition, organisée en Junte centrale depuis 1808, se dote en janvier 1810 d'un véritable Conseil de Régence, solidement installé en Andalousie. Il exerce son autorité sur la majeure partie du pays.

L'opposition espagnole à Napoléon

Les « patriotes » se divisent entre un parti absolutiste et une faction libérale, qui souhaite, comme les *Afrancesados*, des réformes pour l'Espagne. Dans cet esprit, l'opposition proclame en 1812 la « Constitution de Cadix » qui établit une séparation des pouvoirs selon un modèle proche de la constitution française de 1791. L'Empereur se trouve devant un paradoxe. Appuyée sur des forces contre-révolutionnaires, l'opposition espagnole montre des signes d'avancées libérales. Au contraire, incarnations de l'héritage de 1789, Joseph et les armées françaises multiplient les mesures répressives.

Chassés du Portugal, les Français cherchent vainement à y reprendre pied. En 1810, Napoléon met des moyens humains considérables pour une nouvelle tentative confiée à Masséna. Toutefois, sa tâche est rendue compliquée par la guérilla ibérique et la politique de terre brûlée mise en œuvre par Wellington. Les violences redoublent contre les civils. Le général Pelet confesse ainsi : *« On a parlé encore de bien d'autres crimes [...] commis pour arracher aux malheureux paysans le secret de leurs caches. On donnait sur cela des détails qui faisaient frémir.* » Les Français refluent lentement ; en 1811, Wellington pénètre sur le sol espagnol et progresse en direction de Madrid.

Le rêve de la fusion dynastique

La question dynastique

Le contraste entre la situation militaire ibérique et la campagne d'Autriche semble montrer que les victoires françaises reposent sur la personne de Napoléon. L'Empereur fréquente régulièrement les têtes couronnées du continent. À son retour de Vienne, il est assailli par les princes allemands et leurs doléances. Ils viennent officiellement à Paris célébrer son génie militaire. Mais Napoléon essaie depuis plusieurs années maintenant de bâtir une IVe dynastie, et non simplement une aventure personnelle. Ses exigences d'alliances matrimoniales pour le clan Bonaparte en attestent. Pourtant, l'absence d'héritier direct l'amène à franchir une nouvelle étape.

L'idée d'adopter un neveu a été abandonnée à la mort du petit Napoléon-Charles en 1807. L'année précédente, l'Empereur a vu naître un fils naturel conçu avec l'une de ses maîtresses. Dès lors, il sait également que la stérilité de son couple ne repose pas sur lui. Les deux enfants du précédent mariage de Joséphine lui avaient forgé cette conviction. L'annonce d'une nouvelle naissance, celle du petit Alexandre, fruit de ses amours avec Marie Walewska, vient renforcer sa conviction. L'idée de répudier Joséphine et de se remarier a fait son chemin. Napoléon pourra enraciner sa famille dans l'aristocratie européenne par une seconde union et assurer son lignage par une légitimité nouvelle : « *Je veux épouser un ventre royal* », explique-t-il.

Le divorce

À l'automne 1809, après de longues semaines de tergiversations, Napoléon annonce sa décision à Joséphine. Ému, il ne sait comment réagir à l'évanouissement, réel ou feint, de l'impératrice. Le 14 décembre, au cours d'une séance aux Tuileries, Joséphine accepte les conditions de la séparation. Présentes, les sœurs de l'Empereur savourent l'humiliation de l'épouse qu'elles ont toujours détestée. L'Église de France casse le mariage religieux.

Joséphine, du divorce à la chute de l'Empire

Elle a été le grand amour de Napoléon ; il lui est encore très attaché. Le divorce est, pour lui, une séquence pénible mais qui apparaît désormais comme indispensable. L'épouse répudiée conserve son titre impérial. Elle reçoit différentes résidences royales. Après une retraite de deux ans au château de Navarre, elle se réinstalle ensuite à la Malmaison où elle continue à dépenser sans compter grâce à la générosité financière de Napoléon. Napoléon vient la voir et les anciens époux continuent de correspondre. En 1814, elle reçoit les vainqueurs à la Malmaison ; c'est pour avoir voulu montrer son parc au tsar Alexandre qu'elle succombe des suites d'une pneumonie le 29 mai 1814.

La recherche du « *ventre royal* »

Napoléon avait déjà envisagé l'opportunité d'un nouveau mariage pour consolider l'alliance russe. Comme l'aînée des sœurs d'Alexandre a été rapidement mariée à un prince allemand après Tilsit, l'Empereur reporte ses vues sur la cadette, Anne. Mais Alexandre préfère faire durer les négociations, alléguant de la jeunesse de sa sœur. Au lendemain du désastreux traité de Vienne, François II d'Autriche est, au contraire, demandeur d'un rapprochement diplomatique avec son vainqueur. Il souhaite ainsi casser l'alliance franco-russe. Sur les conseils de Metternich, il propose donc à Napoléon une union avec sa fille, l'archiduchesse Marie-Louise. Cambacérès écrit alors avec clairvoyance : « *Je suis sûr qu'avant deux ans nous aurons la guerre avec celle des deux puissances dont l'Empereur n'aura pas épousé la fille.* » À la fois pressé par les anciens royalistes ralliés à son service et par le temps, l'Empereur accepte l'offre de François.

Marie-Louise

« Belle génisse sacrifiée au Minotaure » napoléonien selon le prince de Ligne, Marie-Louise n'a pas encore 20 ans lorsqu'elle épouse l'Empereur des Français. Élevée dans l'horreur du Corse, Marie-Louise n'est pas pourvue d'une forte personnalité et se laisse rapidement convaincre par la prééminence en Europe du trône qui s'offre à elle. Les cheveux châtain clair, fins et abondants, un visage d'un ovale régulier et au teint clair, la beauté de l'archiduchesse est éclairée par des yeux légèrement en amande.

Le mariage autrichien

Le 11 mars 1810, le mariage par procuration de Napoléon et de Marie-Louise est célébré à Vienne. Berthier a été dépêché sur place pour représenter l'Empereur. Celui-ci est impatient de rencontrer sa nouvelle épouse et court à ses devants pour l'accueillir avant son entrée à Paris. L'alliance matrimoniale s'avère un succès ; Marie-Louise change de point de vue en rencontrant son époux : « *Je trouve qu'il gagne beaucoup quand on le connaît de près,* écrit-elle à son père, *il a quelque chose de très prenant et de très empressé à quoi il est impossible de résister.* » Le 2 avril, l'union religieuse est célébrée aux Tuileries. Elle marque un tour plus conservateur de Napoléon, de plus en plus obsédé par l'intégration de sa dynastie parmi les têtes couronnées européennes. L'habitude prise par l'Empereur d'appeler Louis XVI « *mon oncle* » est tout à fait significative de l'évolution de son attitude vis-à-vis des Bourbons depuis l'exécution du duc d'Enghien.

La naissance d'un Aiglon

Le mariage s'avère rapidement fécond. Le 20 mars 1811, naît enfin l'héritier que Napoléon attendait avec anxiété : « *Il n'osait se livrer à l'espoir d'avoir un fils. On voyait qu'il cherchait à prendre son parti pour le cas contraire. Cependant, il s'informait avec soin si quelque indice pouvait marquer d'avance le sexe de l'enfant* », témoigne son médecin. La nouvelle est annoncée aux Parisiens par cent un coups de canons. La nouvelle semble d'abord réjouir la population. Elle demeure toutefois largement indifférente lors des festivités dans les semaines qui suivent, davantage préoccupée par la crise économique. À l'instar de l'héritier de l'empire germanique, le nouveau-né reçoit le titre de « roi de Rome ». Présent à Paris, Napoléon joue les pères de famille, si bien que les journaux se permettent un peu d'ironie : « *L'Empereur est tombé amoureux de sa pantoufle.* » En fait, libéré du souci de sa succession, il accroît ses exigences envers ses frères. Joseph et Jérôme sont désormais les seuls à encore porter une couronne royale mais comprennent qu'elle n'y demeurera qu'au prix d'une totale obéissance.

La crise religieuse

Bras de fer avec le pape

L'avenir de la dynastie semble désormais solidement établi. Pourtant, d'autres signes de crise assombrissent l'horizon. Ils sont, en premier lieu, d'ordre religieux. En effet, les rapports entre Pie VII et Napoléon ne cessent de se dégrader. En butte à la cinquième coalition, Napoléon exige que le pape rejoigne l'alliance formée autour de la France. Son refus entraîne une montée des tensions avec les troupes françaises stationnées à Rome. La crise de 1809 et 1810 résulte des pressions exercées par Napoléon pour imposer à Pie VII d'intégrer le système continental. La volonté impériale est exprimée dès 1806. Le souverain français écrit alors au pape : « *Votre Sainteté est souveraine de Rome mais j'en suis l'Empereur ; tous mes ennemis doivent être les siens.* » En réponse à la volonté de Pie VII de conserver une position de neutralité, ses États ont été réduits sous le nom de Patrimoine de Saint-Pierre. Depuis le début de l'année 1808, Rome est occupée militairement par les troupes napoléoniennes.

Murat pousse Napoléon à clarifier la situation et à annexer la Ville Éternelle : « *Quand Votre Majesté voudra, elle n'aura qu'un mot à dire et les Romains se jetteront dans ses bras.* » L'Empereur se rend aux arguments de son beau-frère. Le 17 mai 1809, peu avant le combat d'Essling, un décret proclame l'annexion des États pontificaux. La réplique du pape est immédiate : les « *voleurs du patrimoine de Pierre, usurpateurs, voleurs, fauteurs, conseillants, exécutants* » sont frappés d'excommunication. Le nom de Napoléon n'est pas cité. L'Empereur ordonne l'arrestation des responsables de la publication de cette bulle. À Rome, le chef des armées françaises en déduit qu'il doit s'emparer de la personne du pape. C'est chose faite le 6 juillet. Incompréhension ? Refus de Napoléon d'assumer sa colère ? L'Empereur écrit à Fouché : « *Je suis fâché qu'on ait arrêté le pape, c'est une grande folie [...]. Mais enfin, il n'y a point de remède, ce qui est fait est fait.* » Pie VII est conduit vers Florence puis vers le nord de la péninsule. Arrivé à Grenoble, on lui fait finalement repasser les Alpes pour le fixer en résidence surveillée à Savone, entre Nice et Gênes. Le pape reste dans la petite ville ligurienne jusqu'en juin 1812. Il refuse les 2 millions annuels qui lui sont octroyés par le décret d'annexion de Rome.

Les cardinaux noirs

Le mariage de Napoléon et de Marie-Louise révèle l'enracinement du divorce entre l'Église et l'Empereur. Les sièges des treize cardinaux italiens sont vides ; ils ont refusé de se déplacer en signe de solidarité avec le souverain pontife retenu prisonnier. Ulcéré, Napoléon les assignera également à résidence avec interdiction de porter la pourpre cardinalice : on les appellera les « *cardinaux noirs* ».

La nouvelle de la mise en détention du pape est très mal ressentie par les catholiques français. Alimentée par ce mécontentement religieux, l'opposition contre-révolutionnaire connaît un renouveau relatif à partir de 1809.

Les Chevaliers de la Foi

Persuadé que la Révolution et l'Empire sont le résultat d'un complot maçonnique, le contre-révolutionnaire Ferdinand de Bertier fonde un ordre de chevalerie secret en 1810. Même s'il est difficile de mesurer l'importance réelle prise par les Chevaliers de la Foi, on peut distinguer trois centres urbains actifs (Paris, Bordeaux et Toulouse) et des groupes plus diffus dans des régions comme l'Ouest armoricain ou la Franche-Comté.

Une rupture irrémédiable

Face à l'impasse dans laquelle le place l'obstination de Pie VII, Napoléon envisage de se passer du pape et de constituer une Église de France plus nettement gallicane. En mars 1811, avec l'appui des prélats les plus fidèles à son régime emmenés par son oncle le cardinal Fesch, il convoque un concile à Paris. L'Empereur s'assure que le souverain pontife ne peut pas échanger de correspondance avec le haut clergé français. Bien que celui-ci soit le résultat des nominations napoléoniennes, le concile émet le vœu que ses décisions soient validées par Pie VII. L'Empereur est obligé d'envoyer un émissaire à Savone. Les négociations durent plusieurs semaines sans résultat. Finalement, Napoléon décide de faire transférer le souverain pontife à Fontainebleau pour mieux pouvoir le surveiller. Mais la rupture avec les catholiques est bien ancrée. Même les mises en garde de son oncle Fesch ne sont pas entendues par Napoléon.

Le cardinal Fesch

Frère de Madame Mère, Joseph Fesch est prêtre au moment de la Révolution et quitte les ordres. Réintégré en 1800, Bonaparte en fait l'archevêque primat des Gaules puis son premier cardinal sous le Consulat. Dignitaire de l'Empire, l'oncle entretient de bonnes relations avec son neveu et le conseille pour les affaires ecclésiastiques. Le traitement réservé par Napoléon au pape marque leur rupture et la relégation du cardinal Fesch à Lyon jusqu'en 1814.

La crise économique

Dysfonctionnement et fuite en avant du système continental

La période est également marquée par une crise économique qui touche l'ensemble de l'Europe, y compris la Grande-Bretagne rongée par l'inflation. Mais la généralisation des licences lui permet rapidement d'échapper à la récession que devait provoquer le blocus. Avec le processus d'indépendance des colonies espagnoles d'Amérique, elle s'ouvre même de nouveaux marchés à partir des ports sud-américains. En 1810, les navires anglais pénètrent également en mer Baltique. Le 1er août, le décret de Trianon augmente les taxes sur le coton et le café. Par ailleurs, en Hollande notamment mais aussi dans le reste de l'Empire, la contrebande prend une ampleur considérable. En octobre, un nouveau décret signé à Fontainebleau punit plus sévèrement les contrebandiers. Pour éviter la mansuétude des cours de justice locales, des cours douanières sont instituées dans l'Empire. Chez les vassaux, perquisitions et autres mesures policières se multiplient. Elles sont menées par des Français, sans le moindre respect pour les souverainetés officielles.

Enfin, pour mieux contrôler l'efficience du système continental, l'Empire annexe de nouvelles portions de littoral en Allemagne du Nord aux dépens de la Westphalie de Jérôme et en Hollande. Le passage sous souveraineté française du Valais et du Tessin assure également une meilleure surveillance des flux transalpins. L'Empire atteint ainsi son apogée territoriale avec 130 départements.

L'annexion de la Hollande

Souverain de Hollande depuis 1806, Louis Bonaparte a rapidement pris conscience que le blocus continental va à l'encontre des intérêts des territoires qui lui ont été confiés. À partir de 1809, le fossé entre son frère et lui se creuse. En mars 1810, Napoléon lui reprend les départements situés au sud du Rhin. Sur les conseils discrets de Fouché, Louis entre alors secrètement en pourparlers avec les Anglais. À la nouvelle, Napoléon entre dans une colère noire et repousse toute justification de son cadet : « *Tout le monde sait que, hors de moi, vous n'êtes rien !* » Louis préfère s'enfuir au début du mois de juillet ; il se réfugie à Vienne. La totalité du royaume de Hollande est alors rattachée à l'Empire.

Une dépression difficile à surmonter

Après quelques signes précurseurs dès le printemps, la crise se manifeste en France par la multiplication des faillites à partir de septembre 1810. Une série de banqueroutes s'étalent jusqu'en février 1811. L'industrie cotonnière est particulièrement frappée à l'échelle continentale. La politique de blocus continental est donc en partie responsable de cette crise. Au début de 1811, 20 000 des 50 000 ouvriers parisiens sont réduits au chômage. En raison de mauvaises récoltes, la crise agricole vient accentuer le marasme. L'année suivante, les prix du pain s'envolent dans la capitale. Mais ils resteront en deçà de 20 sols, conformément à la logique de l'Empereur : « *Il est injuste que le pain soit maintenu à bas prix à Paris quand il est haut ailleurs, mais c'est que le gouvernement est là, et les soldats n'aiment pas tirer sur les femmes qui, avec des enfants sur le dos, viennent crier devant les boulangeries.* » Chômage et début de disette provoquent toutefois des troubles dans différentes provinces.

Chapitre 11

La spirale de la défaite

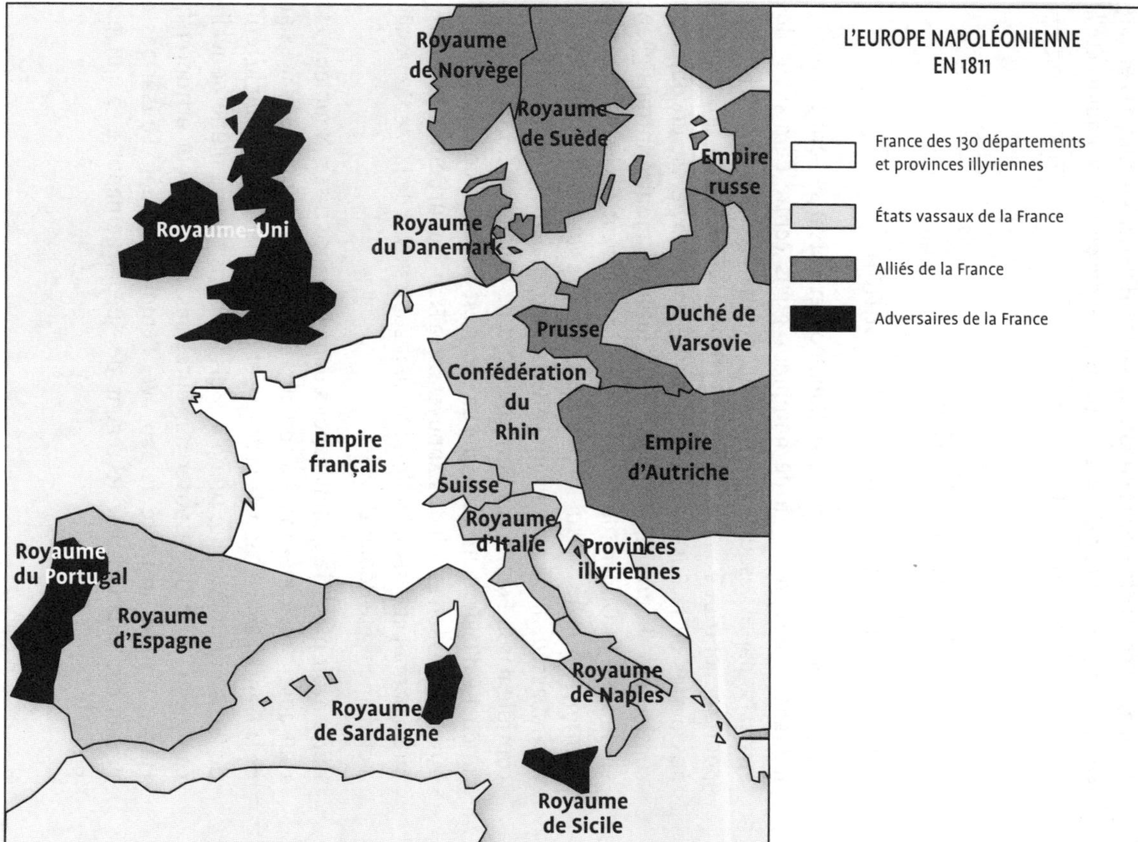
L'EUROPE NAPOLÉONIENNE
EN 1811
France des 130 départements
et provinces illyriennes
États vassaux de la France
Alliés de la France
Adversaires de la France
Royaume
de Norvège
Royaume
de Suède
Empire
russe
Royaume-Uni
Royaume
du Danemark
Prusse
Duché de
Varsovie
Confédération
du
Rhin
Empire
français
Empire
d'Autriche
Suisse
Royaume
d'Italie
Provinces
illyriennes
Royaume
du Portugal
Royaume
d'Espagne
Royaume
de Naples
Royaume
de Sardaigne
Royaume
de Sicile

L'Empereur ne tient pas compte de ces premiers signes d'essoufflement de sa puissance. Le sort se retourne contre lui quand il entre en campagne contre la Russie en 1812. À Sainte-Hélène, il n'aura pas encore compris la démesure de ses ambitions : « *Si j'avais réussi, j'aurais été le plus grand homme de l'Histoire.* »

La campagne de Russie

La formation de la sixième coalition

Depuis Tilsit, les rapports entre Napoléon et le tsar se sont beaucoup dégradés. Alexandre Ier a de nombreux griefs contre l'Empereur des Français, parmi lesquels l'amertume du mariage autrichien (qu'il a pourtant contribué à nouer par son attitude). Vécu comme une menace aux portes de la Russie, le grand-duché de Varsovie est un objet de contentieux. Pourtant, Napoléon s'est toujours montré intransigeant sur le sujet : « *Quand même vos armées camperaient sur les hauteurs de Montmartre, je ne céderai un pouce du territoire varsovien* », affirme-t-il à l'ambassadeur du tsar à Paris. Alexandre a également mal accepté le contrôle par la France des ports du Nord de l'Allemagne. L'occupation du duché d'Oldenburg où règne sa sœur est ressentie comme l'ultime humiliation. Son espoir de s'appuyer sur la France pour démembrer l'Empire ottoman et s'installer durablement sur les rives de la Méditerranée a également été démenti.

Après avoir placé de grands espoirs dans l'alliance russe, Napoléon est tout aussi amer. Alexandre a toujours coopéré *a minima*. Le tsar exige de la France l'évacuation de la Prusse et de la Poméranie. Devant le refus de Napoléon, Alexandre prend ses dispositions en vue d'une nouvelle campagne. Afin de disposer de toutes ses troupes pour affronter la France, il signe un traité de paix avec l'Empire ottoman. Le tsar passe également alliance avec le régent de Suède, Bernadotte, à qui est promise la Norvège.

Bernadotte, prince héritier de Suède

En 1810, le roi de Suède n'ayant pas de descendant, les États généraux d'Örebro élisent le maréchal Bernadotte comme prince héréditaire. Très réticent, Napoléon finit par accepter ce choix, ne souhaitant pas froisser le tsar à l'origine de cette décision. Mais, une fois en Suède, Bernadotte prend ses distances avec l'Empire. Dirigeant réel du pays en raison de la sénilité de son père adoptif dès 1811, ses choix politiques sont fixés par les intérêts de sa Couronne.

Une confrontation hors norme

En 1812, la conscription est de plus en plus mal acceptée dans l'Empire. L'opinion est lasse de la guerre et accueille avec fatalisme l'annonce de l'affrontement. Par ailleurs, à Dresde, Napoléon s'est assuré du soutien de ses alliés de la Confédération du Rhin et de leurs contingents. Pour cette campagne de Russie, Napoléon a réuni près de 770 000 hommes. Si les Français constituent bien le noyau de cette Grande Armée avec plus de 400 000 soldats, on compte également environ 90 000 Polonais, autant d'Allemands, des Prussiens, des Italiens, des Suisses... Toutes les composantes nationales du Grand Empire sont représentées. Napoléon a également mobilisé 1 200 pièces d'artillerie. Le 22 juin, il déclare officiellement la guerre à la Russie puis franchit le Niémen.

Les forces russes qui lui sont opposées sont d'environ 400 000 hommes au total. Au nord, une première armée de 160 000 soldats est placée sous les ordres de l'Écossais Barclay de Tolly. Plus au sud, une deuxième est commandée par le prince Bagration et comprend 60 000 hommes. Elles sont appuyées par un corps d'observation de 60 000 hommes également et par deux corps de réserve (100 000 soldats environ). Les autres forces russes sont réparties dans l'empire. Napoléon prévoit d'empêcher la jonction de Tolly et de Bagration et de les prendre séparément par une manœuvre en position centrale. En raison du retard du corps de son frère Jérôme, le plan échoue.

Par manque de confiance, les Russes se dérobent devant Napoléon et le poussent ainsi à pénétrer profondément à l'intérieur de leur empire. Au fur et à mesure de leur retraite, ils détruisent tout ce qui pourrait servir au ravitaillement des Français. Sous une chaleur étouffante, la Grande

Armée avance donc sur l'immense plaine russe. Déjà ses rangs s'éclaircissent. À Smolensk le 17 août, Napoléon croit enfin tenir la bataille décisive. Ses troupes s'emparent des faubourgs où s'était retranché l'ennemi. Protégés par le feu qu'ils ont allumé, les Russes échappent une nouvelle fois à l'Empereur.

Borodino

Mais la fierté russe ne se satisfait pas de cette perpétuelle dérobade. Alexandre nomme à la tête de ses troupes un nouveau commandant en chef, le vieux Koutousov. Âgé de 77 ans en 1812, ce manœuvrier rusé avait déconseillé au tsar d'engager la bataille à Austerlitz. Il est chargé de barrer la route de Moscou à Napoléon. Koutousov choisit de se retrancher à Borodino et d'empêcher ainsi la Grande Armée de franchir la Moscova. La bataille s'engage le 7 septembre dans un terrible choc frontal. Après un déluge de feu déversé par l'artillerie française, les premières lignes de défense russes tombent. Solidement retranché autour de la « Grande Redoute » maintes fois prise puis perdue par les Français, l'ennemi subit de lourdes pertes. Au deuxième jour de combat, Koutousov choisit de se retirer. Maître du champ de bataille, Napoléon écrit dans le *Bulletin de la Grande Armée* qu'il a remporté la victoire de la Moscova. Il préfère intituler ainsi le combat pour que les Français l'associent à Moscou.

Napoléon à Borodino

Certains témoins reprochent à Napoléon son manque de clairvoyance, ses hésitations coupables au cours de la bataille. Peut-être est-ce le résultat de la fatigue. Plus vraisemblablement, l'Empereur est affaibli par la fièvre. La veille, il est atteint d'une extinction de voix qui l'empêche de dicter ses ordres.

La bataille de Borodino est l'une des plus sanglantes de l'Empire. Les pertes françaises sont d'environ 30 000 hommes dont sans doute 9 000 à 10 000 tués. Côté russe, 50 000 hommes sont mis hors de combat dont 15 000 morts.

Napoléon maître de Moscou

Le 14 septembre, Napoléon entre dans Moscou, désertée par le tsar et les habitants. Il s'installe au Kremlin, tandis que ses troupes prennent leurs quartiers dans la ville sainte de toutes les Russies. Mais, dès la nuit du lendemain soir, un gigantesque incendie ravage la ville.

L'incendie de Moscou

Les Russes ont accusé l'Empereur des Français d'avoir voulu détruire Moscou par le feu. En réalité, des incendiaires ont reçu l'ordre du gouverneur de la ville, Rostopchine, d'allumer des brasiers dans différents quartiers, après avoir emmené toutes les pompes. Impuissants, les Français voient donc Moscou flamber pendant quatre jours au bout desquels la ville est en ruines.

L'incendie éteint, Napoléon écrit à Alexandre qui n'a pas transmis de demande d'armistice. En fait, le tsar refuse de négocier. Deux possibilités s'offrent à Napoléon : marcher sur Saint-Pétersbourg pour obtenir la reddition de l'ennemi ou retourner sur ses bases polonaises en attendant le printemps. L'Empereur tergiverse de longues semaines. Son entourage lui présente pourtant l'impossibilité de poursuivre la campagne dans l'hiver russe.

Le désastre

La Bérézina

La Grande Armée n'entame sa retraite que le 19 octobre, sans équipement pour l'hiver. Afin de ne pas traverser à nouveau les régions dévastées par les Russes à l'aller, l'Empereur se dirige vers le sud. Mais Koutousov lui barre la route à Maloïaroslavets. Vainqueurs, les Français sont cependant poussés à nouveau vers Smolensk. Assaillie par le froid et la faim, harcelée par des partisans et par les cosaques, la Grande Armée abandonne bagages et hommes affaiblis.

Les cosaques

D'origine nomade, les cosaques sont, au Moyen Âge, des communautés plus ou moins autonomes chargées de défendre la steppe russe face aux envahisseurs venus d'Asie. Peu à peu, les tsars les ont organisés en unités de cavalerie extrêmement mobiles. Équipés pour se déplacer en plein hiver, ils sont chargés de harceler les soldats isolés et l'arrière-garde de la Grande Armée.

Le 26 novembre, les troupes napoléoniennes se présentent devant la Bérézina, fleuve à demi gelé. Depuis la veille, les pontonniers d'Eblé sont plongés dans les eaux glacées pour construire deux ponts : l'un pour les hommes, l'autre pour les véhicules et l'artillerie. Malgré des ruptures sur ces ouvrages des sapeurs, la Grande Armée passe le fleuve le 29.

Les pertes de la Bérézina

Malgré la célérité du travail des pontonniers, le maréchal Victor doit bloquer une première armée ennemie durant la traversée de la Grande Armée. Tandis que la plupart des troupes sont passées, le 126e de ligne se sacrifie face aux Russes. Une fois les ponts incendiés, des retardataires tentent de traverser à la nage. Comme certains pontonniers, ils sont emportés par les eaux ou meurent de froid. Dix mille traînards sont capturés et retenus prisonniers en Russie. Au total, les pertes françaises (tués et prisonniers) peuvent être évaluées entre 25 000 et 45 000 hommes.

Entouré de son état-major et de la Garde, Napoléon arrive bientôt à Vilna.

L'affaire Malet

Pendant ce temps, à Paris, un opposant républicain, le général Malet, tente de prendre le pouvoir. Il fabrique un faux sénatus-consulte annonçant la mort de l'Empereur en Russie et la mise en place d'un gouvernement provisoire. À l'aide de ce document, il convainc plusieurs régiments de lui obéir. Il fait mettre sous les verrous le préfet de Police et le ministre Savary avant d'être lui-même arrêté au Quartier général militaire de Paris. L'affaire n'a duré que l'espace de la matinée du 23 octobre 1812. Pourtant, lorsqu'il apprend la nouvelle, Napoléon est furieux. Personne n'a pensé à répondre à Malet que la mort de l'Empereur signifiait l'avènement de Napoléon II. Malgré le mariage autrichien et la naissance d'un héritier, l'Empire ne repose toujours que sur les victoires de la Grande Armée. Le 5 décembre, Napoléon en laisse le commandement à Murat et fonce à Paris. Pendant ce trajet de retour, l'Empereur se refuse à mesurer l'ampleur de la défaite : « *Nos désastres feront une grande sensation mais mon arrivée en contrebalancera les fâcheux effets.* »

Masquer le désastre

Dès son retour dans la capitale, Napoléon signe le décret réorganisant la Comédie-Française et l'antidate. Il veut ainsi montrer que, même en Russie, il gère sereinement les affaires de l'Empire. Pourtant, Napoléon comprend qu'il faut reprendre fermement en main les rênes du pouvoir. Le contrôle policier est intensifié dans la capitale. Le corps préfectoral connaît son plus vaste mouvement depuis qu'il a été mis en place. Parallèlement, l'Empereur cherche à s'assurer de l'appui des notables. Ceci l'amène notamment à infléchir sa politique religieuse. À force de harceler le pape, Napoléon lui arrache le 25 janvier le Concordat de Fontainebleau. Pie VII y renonce notamment à l'investiture canonique des évêques. Pourtant, dès le 24 mars, il reniera l'assentiment donné à ce nouveau texte. Le pape est à nouveau considéré comme un prisonnier d'État.

Pendant ce temps, la Grande Armée est pourtant bel et bien décimée. Murat ne parvient pas au-delà du Niémen avec plus de 30 000 soldats. Ce sont vraisemblablement près de 200 000 combattants napoléoniens qui sont morts au cours de la campagne de Russie. Pour la moitié des victimes, les troupes françaises ont succombé au froid et aux maladies. Près de 190 000 hommes demeurent en Russie. Soit ils sont prisonniers, soit ils ont préféré se réfugier au sein de la population locale plutôt que de succomber dans cette longue et terrible retraite.

L'effondrement de l'Empire

Une nouvelle Grande Armée

À son tour, Murat a préféré abandonner la Grande Armée pour se précipiter dans son propre royaume. Mais Eugène de Beauharnais s'est replié en bon ordre avec les débris des troupes de Russie.

Parmi les principales actions de Napoléon de retour à Paris, figure une politique de séduction vis-à-vis des assemblées. L'Empereur sent qu'il a besoin de leur docilité pour lever de nouvelles troupes devant les campagnes difficiles qu'il va devoir mener. Il lève de nouveaux contingents, alimentant la propagande anglaise de l'Ogre corse qui dévore un nombre croissant de jeunes gens.

Les « Marie-Louise »

En février et octobre 1813, Napoléon appelle prématurément sous les drapeaux les 120 000 conscrits de 1813 et, par anticipation 150 000 de la classe de 1814. Trop hâtivement formés, ces hommes constituent l'essentiel des troupes sous ses ordres pour la campagne d'Allemagne. Par référence à l'impératrice, ils sont surnommés les « Marie-Louise ».

À la tête de cette nouvelle Grande Armée, Napoléon se précipite à la rencontre de l'ennemi qui attaque la Saxe restée fidèle à la France.

La mobilisation ennemie

Persuadé d'être l'instrument choisi par Dieu pour faire tomber l'« *Usurpateur corse* », Alexandre Ier décide de poursuivre la guerre au-delà de ses frontières. En février 1813, le roi de Prusse Frédéric-Guillaume rejoint la coalition en formation. Son engagement est appuyé par le mouvement patriotique allemand qui voit la nouvelle campagne comme une « *guerre de libération* ». Comme le reste du continent, l'espace germanique est travaillé par l'idée nationale, alimentée notamment par les *Discours à la nation allemande* du philosophe Fichte formulés en 1807-1808. Dès le mois de mars, la Confédération du Rhin est dissoute et Jérôme est menacé en Westphalie. Le beau-père de l'Empereur, François d'Autriche, ne rejoint pas le camp des ennemis de la France. Pourtant, Metternich mène une double diplomatie ; il attend le moment favorable pour dévoiler l'engagement de son maître aux côtés de la sixième coalition.

Les alliés mettent à profit ce répit pour resserrer leurs liens. Les Anglais s'engagent à financer en partie la campagne contre la promesse de ne pas signer de paix séparée avec la France. Dès le mois de mai, la campagne commence en Allemagne. L'Empereur bat les troupes russo-prussiennes à Lützen, Bautzen et Wurschen. Si son talent militaire semble intact, l'absence de cavalerie, mobilisée en Espagne, l'empêche, comme autrefois, de rendre décisives ces victoires. Le 4 juin, l'Empereur négocie un armistice.

L'échec des négociations de Prague

Un congrès s'ouvre à Prague le 29 juillet. Napoléon se montre prêt à accepter l'abandon de Varsovie, le rétablissement de la Prusse et la cession de l'Illyrie à l'Autriche. Sa réponse parvient le 13 août aux alliés et aux Autrichiens. Fort des nouvelles défavorables aux troupes françaises dans la péninsule ibérique, Metternich se dévoile le 11 août : l'Autriche déclare à son tour la guerre à la France.

La coalition anti-napoléonienne peut désormais aligner environ 510 000 hommes face aux 440 000 soldats de la Grande Armée. Toutefois, les chefs alliés demeurent prudents. Sur les conseils de Bernadotte, ils s'accordent à privilégier les batailles contre les troupes non commandées personnellement par l'Empereur. Effectivement, Napoléon repousse à nouveau l'armée de Blücher. Dans le même temps, les autres chefs d'armées françaises sont tous battus.

Leipzig, la « bataille des nations »

Toutes les forces de la coalition se rejoignent alors pour affronter l'Empereur. Retiré derrière l'Elbe à la tête de 160 000 soldats, il doit faire face à 300 000 hommes. Du 16 au 18 octobre, les forces ennemies cherchent à l'encercler autour de Leipzig. La résistance devient impossible après la désertion des Bavarois puis d'un corps saxon. L'Empereur parvient seulement à opérer sa retraite sur la rive gauche du Rhin après le combat d'Hanau.

Quelques troupes françaises tiennent encore bon face à la coalition. Davout s'enferme dans Hambourg, tandis que Dantzig reste aux mains de Rapp. Mais l'Allemagne napoléonienne s'effondre.

En Espagne, la victoire de Wellington à Vitoria (juin 1813) a obligé Napoléon à relâcher Ferdinand VII, accueilli avec enthousiasme par ses sujets. Mais, trop tardif, ce geste n'empêche pas l'invasion du Sud-Ouest. À la tête des troupes en repli, Soult est chargé de contenir la progression anglaise.

En Hollande, le prince d'Orange a fait son entrée à Amsterdam sous les acclamations du peuple. Même son beau-frère, Murat, s'apprête à rejoindre la coalition dans l'espoir de sauver son trône napolitain.

La campagne de France

Veillée d'armes

Rentré à Paris, Napoléon sait qu'il dispose de quelques semaines avant la reprise des hostilités au printemps. Certes, les alliés semblent perplexes sur la suite à donner aux événements. Metternich semble disposé à sauver la dynastie en donnant la régence à Marie-Louise. Alexandre Ier pense plutôt à Bernadotte et les Anglais au retour des Bourbons. En attendant, des pourparlers sont engagés à Francfort puis, en février 1814, à Châtillon-sur-Seine. Surtout, à Paris, l'opposition semble reprendre de la voix. Le 1er janvier, Napoléon répond aux députés qui demandent davantage de libertés : *« Ce n'est pas dans le moment où l'on doit chasser l'ennemi de nos frontières que l'on doit exiger de moi un changement dans la Constitution [...]. Qu'est-ce que le trône ? Quatre morceaux de bois doré recouverts de velours ? Non, le trône, c'est un homme et cet homme, c'est moi. »* À la fin du mois de janvier, il rejoint ses troupes et laisse Marie-Louise à la tête d'un Conseil de Régence.

Le Conseil de Régence

À son retour de Russie, Napoléon a prévu de nouvelles dispositions pour la direction des affaires en son absence. Institution dans la pure tradition monarchique, un Conseil de Régence a été mis en place. Marie-Louise y est assistée par Cambacérès, Lebrun, Eugène de Beauharnais mais aussi Talleyrand.

« Chausser ses bottes de 1793 »

Sous la conduite de Schwarzenberg, Blücher et Bernadotte, trois armées coalisées réunissant 250 000 hommes marchent sur Paris. Au début du mois de février, Blücher et Schwarzenberg opèrent leur jonction. Par une série de manœuvres victorieuses, l'Empereur bloque leur progression vers la capitale.

Napoléon à Montereau (18 février 1814)

Durant la campagne de France, Napoléon montre toute l'étendue de ses qualités manœuvrières. Il surprend l'ennemi par sa rapidité de mouvement. Il peut ainsi battre les Wurtembourgeois à Montereau qui tentaient de faire sauter les ponts qui le séparaient d'eux. Il montre également tout son courage personnel. Il réplique aux artilleurs qui cherchent à le dissuader de pointer lui-même un canon sur l'ennemi : *« Rassurez-vous, le boulet qui me tuera n'est pas encore fondu. »*

À Laon et Arcis-sur-Aube, il ne parvient toutefois pas à écraser ses deux ennemis qu'il est parvenu à séparer.

Une résistance impossible

La résistance de Napoléon étonne les alliés : *« Ce terrible Napoléon, on croyait le voir partout ! Il nous avait tous battu les uns après les autres. À peine avait-on conçu un plan qu'il le déjouait »*, témoigne un conseiller de Blücher. Mais leur détermination est renforcée. Au début du mois de mars, la Russie, la Prusse, l'Autriche et l'Angleterre signent le pacte de Chaumont. Cet accord établit leur alliance pour vingt ans et ils s'engagent à poursuivre la campagne jusqu'à la défaite totale de Napoléon.

Celui-ci surprend alors une nouvelle fois ses ennemis en ne couvrant plus Paris mais en marchant vers la Lorraine pour les couper de leurs bases et soulever les populations sur leurs arrières.

Les coalisés ont cependant de bonnes nouvelles des autres fronts. Dans le Sud-Ouest, un neveu du roi, le duc d'Angoulême, a été acclamé à son entrée dans Bordeaux. Les alliés choisissent de poursuivre la progression vers Paris où l'inquiétude est à son comble. Organisé par Joseph, le départ de l'impératrice et de son fils pour Blois accroît le trouble de la population. Les royalistes commencent à s'agiter.

L'abdication

La première abdication

La défense de la capitale repose sur les 40 000 hommes de Mortier et de Marmont. Le 30 mars, les combats font rage aux barrières. Accouru à Fontainebleau, Napoléon s'apprête à secourir Paris en prenant l'ennemi à revers. En attendant, le tsar et le roi de Prusse font leur entrée solennelle dans la ville. Les souverains alliés rencontrent Talleyrand. Sous son impulsion, le Sénat nomme un gouvernement provisoire dont il prend la tête et proclame la déchéance de l'Empereur le 3 avril. À Fontainebleau, celui-ci refuse encore de croire à la défaite. Devant l'insistance des maréchaux, il accepte le 4 d'abdiquer en faveur de Napoléon II.

La « ragusade »

Joseph a laissé pour instructions aux maréchaux de traiter avec l'ennemi. Alors que la plupart ont préféré se rendre à Fontainebleau pour demander à l'Empereur de négocier, Marmont entre directement en contact avec les coalisés. Il livre son corps d'armée et prive ainsi l'Empereur de son ultime chance d'obtenir le maintien de sa dynastie à la tête de la France. Cette décision de celui qui a reçu le titre de duc de Raguse par Napoléon donne ainsi naissance à l'expression de « ragusade » pour désigner une trahison.

Les Bourbons restaurés

Napoléon abdique à nouveau le 6, sans conditions cette fois-ci. Impressionné par la mobilisation royaliste dans la capitale, Alexandre Ier se rend aux arguments des partisans du rétablissement des Bourbons. Le 12 avril, le comte d'Artois prend à Paris le titre de « *lieutenant général du royaume* » en attendant l'arrivée de son frère aîné, proclamé sous le nom de Louis XVIII. La nuit suivante, à Fontainebleau, Napoléon avale un opiacé qu'il porte constamment sur lui depuis la retraite de Russie au cas où il tomberait aux mains de l'ennemi. Appelé à son chevet pour porter une lettre d'adieu à Marie-Louise, Caulaincourt appelle les secours mais bientôt l'Empereur est pris de vomissements. Remis de cet état passager de déprime, Napoléon exige le silence sur l'événement.

En route vers l'exil

À Fontainebleau, Napoléon apprend le sort que lui réservent les alliés. Il reçoit la souveraineté sur l'île d'Elbe au large de la Toscane avec une rente annuelle de 2 millions.

Les adieux de Fontainebleau (20 avril 1814)

Avant son départ, Napoléon prononce ses adieux à la Vieille Garde dans la cour du château de Fontainebleau. Il lance ces mots passés à la postérité : « *J'ai donc sacrifié tous nos intérêts à ceux de la patrie ; je pars. Vous, mes amis, continuez de servir la France. Son bonheur était mon unique pensée ; il sera toujours l'objet de mes vœux ! Ne plaignez pas mon sort ; si j'ai consenti à me survivre, c'est pour servir encore à notre gloire ; je veux écrire les grandes choses que nous avons faites ensemble ! Adieu, mes enfants ! Je voudrais vous presser tous sur mon cœur ; que j'embrasse au moins votre drapeau !* » Il joint le geste à la parole devant une assistance émue jusqu'aux larmes selon les témoins.

L'Empereur prend la route de l'île d'Elbe. Parvenu dans la vallée du Rhône, il doit affronter l'hostilité de la population et est contraint de revêtir l'uniforme du commissaire autrichien qui l'accompagne.

Chapitre 12

Cent jours de légende

Sur l'île d'Elbe, Napoléon suit avec grande attention les événements de la première Restauration.

Le retour des Bourbons

La mise en place d'une monarchie constitutionnelle

Le retour au pouvoir des Bourbons s'opère sans difficulté. Les fidèles du régime impérial se mettent au service de Louis XVIII. Les élites françaises sont toujours à la recherche d'un gouvernement qui réussisse le compromis entre les acquis de 1789 et la stabilité de l'Ancien Régime. Louis XVIII rentre à Paris en mai 1814. Un mois plus tard, il promulgue la Charte qui fixe le fonctionnement de la monarchie constitutionnelle : souverain chef de l'exécutif et doté du droit de dissolution ; gouvernement non responsable devant le Parlement ; suffrage censitaire ; bicamérisme avec une Chambre des pairs composée de représentants choisis par le roi à titre héréditaire. L'héritage révolutionnaire et impérial est maintenu dans ses grandes lignes : égalité devant la loi et l'impôt ou mesures concordataires (y compris pour les biens nationaux). Toutefois, le catholicisme redevient religion d'État.

Pas de Constitution, une Charte !

Louis XVIII se refuse à employer le terme de « constitution » et lui préfère celui de « charte ». Comme un bon père envers ses enfants, il « *octroie* » la Charte à ses sujets. Le texte est daté de la dix-neuvième année du règne royal, c'est-à-dire, depuis la mort du fils de Louis XVI dans les prisons de la Révolution. Le Consulat et l'Empire disparaissent de l'Histoire voulue par le souverain. Le préambule de la Charte s'ouvre ainsi sur un message très clair sur les orientations idéologiques de la Restauration.

Le retour à la paix

Après la mise en place du fonctionnement du nouveau régime, l'autre urgence est d'assurer la paix avec les vainqueurs de Napoléon. Le 30 mai 1814, le roi paraphe le traité de Paris conclu avec les quatre puissances. La France retrouve ses frontières de 1792. Quelques corrections de tracé sont cependant apportées (en Alsace notamment). Le royaume recouvre la Guadeloupe, la Martinique et la Réunion. Malte et l'Île de France (Maurice) restent aux mains des Anglais, tandis que Saint-Domingue échappe également à la France. Aucune indemnité de guerre, ni forces d'occupation ne sont imposées à Louis XVIII. Au final, le traité de paix est plutôt favorable à la France vaincue.

Déception de l'opinion

La Restauration déçoit pourtant très rapidement une large partie de l'opinion. En matière économique et fiscale, les Français sont déçus de voir que la fin de la guerre n'entraîne pas la fin des lourdes impositions indirectes mises en place par Napoléon. Au contraire, la fin du blocus continental se traduit par des difficultés de l'industrie française face à l'afflux de produits britanniques. Par ailleurs, malgré la Charte, les anciens Émigrés multiplient les procédures pour récupérer tel ou tel bien national. Les aristocrates de retour reçoivent les plus belles charges militaires, aux dépens des « vieilles moustaches » de l'Empire.

Les demi-solde

Mesure économique une fois la paix revenue, le licenciement de 300 000 soldats et la mise en demi-solde de 12 000 officiers est également perçue comme une forme d'épuration. Cette décision paraît une liquidation de la gloire napoléonienne, comme le rétablissement du drapeau blanc ou la suppression des écoles d'officiers créées par Napoléon. Le demi-solde deviendra dans la première moitié du XIXe siècle un personnage archétype de la littérature française comme Philippe Bridau ou Armand de Montriveau chez Balzac.

Empereur d'un « carré de légumes » (Chateaubriand)

Installé à Portoferraio, capitale de l'île d'Elbe, Napoléon se passionne dans un premier temps pour la mise en valeur de son nouveau royaume. L'îlot s'étend sur 27 kilomètres de long pour 18 de large et compte alors entre 10 000 et 12 000 habitants. Le souverain recrée une petite Cour. Elle est organisée autour de Madame Mère et de la sœur de l'Empereur, Pauline, qui ont choisi de partager l'exil de Napoléon dans sa maison des Mulini. Un gouvernement est également mis en place. Le fidèle Bertrand est ministre de l'Intérieur ; Drouot ministre de la Guerre et gouverneur militaire.

La Garde à l'île d'Elbe

Initialement, l'Empereur est autorisé à emmener avec lui 400 hommes pour sa sécurité personnelle mais de nombreux soldats et officiers de la Vieille Garde réclament le droit de rejoindre leur Empereur. Conduits par le général Cambronne, 1 200 soldats supplémentaires s'installent ainsi sur l'île.

À l'aide de cette main-d'œuvre, Napoléon s'attelle au développement du réseau routier elbois ; il fait construire des ponts et veille à l'administration des mines de fer. Il se préoccupe d'urbanisme et d'architecture et travaille à des modifications du droit local.

Les conditions d'un retour ?

Des nouvelles moins réjouissantes

Pourtant, l'enthousiasme de l'Empereur est rapidement gâté par des nouvelles inquiétantes. Marie-Louise refuse de venir et de lui permettre ainsi de voir son fils. Napoléon ne sait pas encore que l'impératrice a pris un amant.

Marie Walewska à l'île d'Elbe

Le 1er septembre, son « *épouse polonaise* » rend visite à Napoléon. Elle est accompagnée du petit Alexandre, âgé de 4 ans. Napoléon est heureux de le voir et efface la rancune de Marie, abandonnée sans un mot en 1809. Pourtant, la crainte du scandale et l'espoir de convaincre l'impératrice de le rejoindre le poussent à refuser l'offre de Marie de s'installer à ses côtés.

Les soucis financiers planent également sur sa tête. Contrairement aux engagements pris par le tsar, Louis XVIII rechigne à verser la pension promise à Napoléon. L'Empereur pourrait être amené à licencier une partie des hommes qui ont sacrifié leur destin personnel pour le rejoindre dans son exil.

À Vienne, s'ouvre en novembre 1814 une grande conférence internationale pour redessiner la carte de l'Europe post-napoléonienne. Les quatre vainqueurs de 1814 (Russie, Prusse, Autriche et Angleterre) acceptent d'associer aux négociations un représentant de Louis XVIII. Le roi choisit pour cette mission délicate le très expérimenté Talleyrand. De ces pourparlers européens, Napoléon retient l'idée de l'éloigner des côtes continentales vers un exil plus rude. On parle alors de l'île britannique de Sainte-Hélène, rocher battu par les vents au large de l'Afrique australe.

Développement d'un courant bonapartiste

Napoléon lit avec intérêt les gazettes et demande à ses hôtes de passage les nouvelles de France. Il apprend alors les erreurs accumulées par le nouveau pouvoir au cours de l'hiver 1814-1815. Ainsi, les cérémonies en souvenir des « *martyrs* » royaux de la Révolution exaspèrent les notables attachés aux acquis de la période 1789-1814. Certains salons, comme celui d'Hortense, deviennent le lieu de rencontre des opposants au régime. On s'amuse des caricatures du journal bonapartiste *Le nain jaune*. Certains officiers, dont les frères Lallemand, tentent de mettre sur pied un « complot du Nord » avec l'aval de Fouché et de Maret. Ils agissent dans un climat encourageant. Ainsi, en janvier 1815, le général Exelmans, traduit en justice pour ne pas avoir respecté des mesures d'éloignement de Paris, est acquitté triomphalement.

La mission Fleury de Chaboulon

Ancien sous-préfet, Fleury de Chaboulon est envoyé par Maret à Portoferraio auprès de l'Empereur : « *Oui, Sire, je suis convaincu que le peuple et l'armée vous recevraient en libérateur et embrasseraient votre cause avec enthousiasme.* » Confortant les nouvelles qu'il reçoit du continent, cette conversation emporte sans doute la conviction de Napoléon qu'il peut tenter l'aventure d'un retour en France.

L'évasion de l'île d'Elbe

L'Empereur profite de l'absence du commissaire anglais chargé de sa surveillance pour faire armer plusieurs navires. Il n'est pas exclu que la Grande-Bretagne ait volontairement fermé les yeux sur les préparatifs de l'expédition. En tout cas, le 26 février, Napoléon embarque sur le brick *L'Inconstant* à la tête d'une petite flottille et de 1 200 fidèles. Il a préparé une allocution affirmant que « *l'Aigle va voler de clocher en clocher jusqu'aux tours de Notre-Dame* ». Le 1er mars 1815, il débarque à Golfe-Juan. Par cette décision, Napoléon revient sur les traités qu'il a signés l'année précédente et se place dans une illégalité qui peut lui coûter très cher en cas d'échec. Or les premières troupes qu'il envoie en reconnaissance à Antibes sont arrêtées.

Les Cent-Jours

« *Le vol de clocher en clocher* »

Marqué par le souvenir douloureux de la descente de la vallée du Rhône l'année précédente, Napoléon choisit de remonter par les Alpes. Le 6 au soir, il entre dans Gap, tandis que la nouvelle de son débarquement parvient au gouvernement. Le lendemain, les premières troupes royales se rallient à lui à Laffrey, permettant à l'Empereur d'entrer à Grenoble dans la soirée sans avoir tiré un coup de feu. Le 10, il est à Lyon à la tête de 7 000 hommes et est acclamé par la population. Il y prend ses premières décisions officielles. Il rétablit ainsi le drapeau tricolore, dissout les Chambres de la Restauration et ordonne aux Émigrés de quitter le territoire de l'Empire. Napoléon manifeste aussi son intention d'instaurer un Empire libéral.

Le ralliement de Ney

Le maréchal qui tombe dans les bras de Napoléon à Auxerre est peut-être, avec Laffrey, l'épisode qui a le plus participé à la légende du retour de l'île d'Elbe. Tous les ressorts du drame y sont réunis. Le maréchal a promis à Louis XVIII de *« ramener l'usurpateur dans une cage de fer »*. Ce retournement lui vaudra d'être fusillé à la seconde Restauration, faisant du *« brave des braves »* un martyr du bonapartisme.

Le 20, Napoléon est aux Tuileries. La veille, le roi a quitté Paris en toute urgence pour se jeter à nouveau sur les routes de l'exil à Gand. Sans le moindre coup de feu, l'Empereur a retrouvé son trône. Il sait qu'il a peu de temps avant la riposte des alliés.

L'Empire libéral

Les premiers gestes de Napoléon confortent les intentions affichées à Lyon. Il appelle au gouvernement des figures de la période révolutionnaire : Fouché, Cambacérès mais aussi Carnot. Figure de proue du groupe des Idéologues, Benjamin Constant est chargé de préparer la nouvelle Constitution. Cette dernière nomination signifie le maintien de la volonté impériale de s'appuyer sur les seuls notables.

Le bonapartisme populaire sous les Cent-Jours

Napoléon ne veut pas *« être le roi d'une jacquerie »*. Pourtant, des formes de mobilisation populaire montrent la fracture du pays en deux. Avec le consentement impérial, on enrôle des ouvriers à Paris et on organise une grande cérémonie de mobilisation patriotique, le Champ de Mai. Des fédérations sont organisées à Paris et en province. Les chants révolutionnaires (*Marseillaise* et *Ça ira*) retentissent à nouveau dans les faubourgs de la capitale.

L'*Acte additionnel aux constitutions de l'Empire* conforte la nouvelle orientation politique. Le texte se montre plus avancé sur la voie de l'éclosion d'un régime parlementaire. Reprenant le bicamérisme de la Charte et le suffrage censitaire, le corps électoral est élargi. La Chambre des représentants est intégralement renouvelée tous les cinq ans. Publicité est faite des débats et des votes. Malgré les avancées proposées par Napoléon, le plébiscite sur l'*Acte additionnel* est un échec. Certes, le « oui » l'emporte largement avec 1,5 million de voix contre 5 000 « non ». Toutefois, l'abstention est très forte (plus de 3 millions).

Manœuvres européennes

Dans le même temps, les alliés refusent de recevoir Caulaincourt que Napoléon a dépêché à Vienne. Il se rapproche de François d'Autriche qui lui annonce l'arrivée prochaine de Marie-Louise à Paris mais se garde de tout engagement diplomatique. En revanche, Murat avec qui Napoléon a largement correspondu depuis l'île d'Elbe se range dans le camp de Napoléon. Le beau-frère de l'Empereur comprend que la Restauration des Bourbons de Naples s'inscrit dans la nouvelle carte européenne dessinée à Vienne. Mais, mobilisé pour sa survie politique et par les enjeux unitaires, Murat se lance à l'offensive sans coordonner ses efforts avec Paris. Dans une proclamation à Rimini, il appelle les Italiens à se soulever contre la domination autrichienne et ses armées marchent vers le nord. Mais le 3 mai, il est battu à Tolentino. Réfugié à Paris, il est froidement accueilli par Napoléon qui refuse ses services.

La fin de Murat

Sa disgrâce entraîne son absence à Waterloo. Le grand entraîneur d'hommes qu'est le roi-cavalier fera faute au camp français. À l'annonce de la défaite, Murat passe en Corse. Là, entouré d'un millier d'hommes, il tente une expédition pour reconquérir sa couronne napolitaine. Débarqué à Pizzo, il est défait et capturé. Sur ordre royal, il est fusillé le 13 octobre.

La chute finale

L'ultime campagne

En toute hâte, Napoléon lance une nouvelle levée mais les résistances à la conscription sont fortes. L'Empereur doit également maintenir 8 000 hommes sous les ordres du général Lamarque dans les départements de l'Ouest face à la reprise de l'agitation vendéenne. Napoléon prévoit de battre les alliés avant leur jonction. Il marchera donc en premier lieu vers la Belgique où les Anglais de Wellington et les Prussiens de Blücher doivent unir leurs forces puis attendre les renforts russes et autrichiens. Ces deux armées pourront être vaincues dans un second temps par une marche outre-Rhin. Depuis le début du mois de juin, Napoléon a massé 120 000 hommes dans le Nord de la France. Le 15, il lance son offensive. Il bat le lendemain les Prussiens, tandis que Ney est chargé de prendre positions aux Quatre-Bras.

Le combat des Quatre-Bras

Wellington perd 9 000 hommes lors de l'affrontement et doit laisser Ney s'emparer de la position le soir du 16 juin. Pourtant, c'est un échec français car le général anglais a pu rejoindre le gros des forces britanniques à Mont-Saint-Jean. Napoléon comptait les attaquer avant le retour de Wellington et les bousculer pour entrer vainqueur dans Bruxelles, objectif de sa campagne.

Waterloo, bataille de géants

Tandis que Grouchy, à la tête de 34 000 hommes, est chargé de poursuivre les Prussiens battus la veille, Napoléon prépare son plan de bataille contre les 67 000 soldats de Wellington, retranché sur le Mont-Saint-Jean. L'Empereur dispose ses troupes sur un front assez réduit. Comme le terrain est détrempé par les pluies diluviennes de la nuit, Napoléon laisse ses soldats se reposer jusqu'à 11 heures ce 18 juin. Il est persuadé que ces conditions retarderont de toute façon l'avancée des Prussiens. L'Empereur donne l'ordre de s'emparer de deux positions, la ferme de la Hayne-Sainte et celle d'Hougoumont, avant la grande offensive sur les positions de Wellington : « *Les assaillants se jetaient contre nos murs, saisissant à deux mains les canons des fusils qui sortaient des meurtrières* », raconte le commandant allemand de la Haye-Sainte. À quatre reprises, ses hommes repoussent les assauts français. Même les charges des cavaliers de Drouet d'Erlon échouent devant la ferme.

Finalement, Napoléon lance la première attaque à Mont-Saint-Jean mais les fantassins doivent reculer devant les tirs latéraux venant de la Haye-Sainte et d'Hougoumont. Dès 14 heures, 30 000 Prussiens viennent menacer le flanc droit du dispositif français. Alors que Napoléon prépare la seconde attaque, Ney prend l'initiative de lancer sa cavalerie à l'assaut du plateau. Mais Wellington a eu le temps de reformer ses carrés d'infanterie sur lesquels viennent se briser les attaques du maréchal. La situation française devient périlleuse car une partie de la cavalerie française est décimée. On apprend alors l'arrivée imminente d'un corps à l'Est. Napoléon pense que Grouchy est de retour de sa poursuite. En l'attendant, l'Empereur engage la Jeune Garde qui monte à l'assaut des positions de l'infanterie anglaise. Mais les salves ennemies s'avèrent d'une grande efficacité. L'arrivée de Blücher sur le champ de bataille précipite la panique dans les rangs français. Seule la Vieille Garde, serrée en carrés, se replie en bon ordre vers 21 heures.

Le mot de Cambronne

Commandant l'un des derniers carrés à reculer face aux Anglais, le général Cambronne répond aux demandes de reddition ennemies : « *La Garde meurt mais ne se rend pas !* » Harcelé, son carré reprend à plusieurs reprises le mot mais, cerné de toutes parts, Cambronne aurait alors lâché « *M... !* ». Blessé à la tête, Cambronne est fait prisonnier et niera avoir prononcé le mot qu'on lui attribue. Les témoignages divergent sur la question.

La chute de l'Aigle

Le 21 juin, Napoléon est aux Tuileries. Devant les grilles, des Parisiens viennent encore l'acclamer. Il hésite. Comme Lucien l'incite à le faire, Napoléon sait que son ultime carte est la dictature provisoire avec un soutien populaire. Cela signifie la dissolution des Chambres lesquelles, sous l'impulsion de Fouché, se proclament inviolables et demandent à l'Empereur d'abdiquer. Le 22, Napoléon se soumet à leur demande. Même s'il laisse son trône à Napoléon II, il sait que ce dénouement est exclu. Fouché lui envoie aussitôt des émissaires chargés de le convaincre de s'éloigner de la capitale. Napoléon accepte contre la délivrance d'un sauf-conduit pour l'Amérique.

Une « girouette » en 1815, Fouché

Fouché signe le 3 juillet la capitulation de la France avec les alliés qui marchent sur Paris et entre en contact avec Louis XVIII. Il négocie avec le souverain un maroquin ministériel : « *Entre silencieusement le vice appuyé sur le bras du crime, M. de Talleyrand marchant soutenu par M. Fouché ; (...) le féal régicide, à genoux, mit les mains qui firent tomber la tête de Louis XVI entre les mains du frère du roi martyr ; l'évêque apostat fut caution du serment* », écrit Chateaubriand. Louis XVIII ne pardonne cependant pas à l'ancien régicide et Fouché est rapidement écarté. Il mourra en exil en 1820.

La seconde victoire des alliés se paie beaucoup plus durement qu'en 1814. Le pays est occupé, même s'il faut corriger le poncif d'excès commis par *les cosaques aux Champs-Élysées*[11]. Pendant ce temps, le congrès de Vienne a poursuivi ses débats. Signé le 9 juin 1815, le document final réaffirme avec force le principe de légitimité. Les Bourbons sont partout restaurés. La monarchie hollandaise s'agrandit des départements belges. La Prusse annexe le royaume de Westphalie, tandis que l'Autriche rétablit sa domination sur l'Italie du Nord. Les deux puissances continentales se mettent également d'accord avec la Russie pour un nouveau partage

11. Comme l'a justement montré Jacques Hantraye, *Les cosaques aux Champs-Élysées*, Paris, Belin, 2005, 303 pages.

de la Pologne. Alexandre Ier met, par ailleurs, la main sur la Finlande. En novembre, la France de Louis XVIII est ramenée à peu près à ses frontières de 1789 ; elle reste occupée et doit payer des indemnités.

« Le plus constant et le plus généreux de ses ennemis »

Napoléon gagne rapidement l'île d'Aix sur les côtes charentaises. Là, il apprend que les Anglais assurent la surveillance de la côte. S'embarquer en cachette et forcer le barrage ? S'en remettre aux Britanniques ? L'Empereur déchu retient la seconde option et monte à bord du *Bellérophon*. Là, il écrit au régent d'Angleterre : « *J'ai terminé ma carrière politique et je viens, comme Thémistocle, m'asseoir au foyer du peuple britannique, je me mets sous la protection de vos lois.* » Napoléon s'en remet ainsi au « *plus constant et au plus généreux de ses ennemis* ». Le *Bellérophon* accoste en Angleterre le 23 juillet. Là, Napoléon apprend qu'il sera déporté vers Sainte-Hélène, petit îlot de l'Atlantique sud, comme le congrès de Vienne l'avait déjà envisagé. Le 7 août, il est transféré sur le *Northumberland* et débarque à Sainte-Hélène au milieu du mois d'octobre.

Conclusion

Contrairement à bien des personnages historiques dont la carrière est terminée, l'exil de Napoléon à Sainte-Hélène est un épisode essentiel car il y parachève sa légende lentement construite depuis la première campagne d'Italie.

Un Prométhée enchaîné sur son roc

Accueilli par des résidents de l'île, les Balcombe, pendant deux mois, Napoléon rejoint ensuite sa résidence définitive sur le plateau de Longwood où les conditions climatiques sont particulièrement rudes. L'Empereur y partage son temps entre promenades dans l'espace autorisé par ses geôliers et rédaction de ses souvenirs auprès de ses compagnons. Ce dernier carré de fidèles va constituer une petite Cour autour de l'Empereur déchu. Aide de camp de Napoléon depuis 1807, le général Bertrand dirige l'intendance et fait figure de maréchal du Palais. Le général Gourgaud est auprès de l'Empereur depuis 1811 et s'est dévoué sans compter pour sa personne. Napoléon dit de lui à Sainte-Hélène : « *Il était mon premier officier d'ordonnance, il est mon ouvrage : c'est mon enfant.* » Diplomate, sans fidélité particulière à Napoléon, le général Montholon est le dernier officier désigné pour Sainte-Hélène. Chambellan depuis 1810, Las Cases est le seul civil retenu pour accompagner l'Empereur. Quelques domestiques complètent cet entourage : le mamelouk Ali (Saint-Denis de son véritable nom) ; le valet de chambre, Marchand ; le valet de pied, Noverraz ; le maître d'hôtel, Cipriani, et un homme à tout faire, Santini.

Les tensions à l'intérieur de ce petit monde replié sur lui-même se dessinent rapidement. Dès la fin de l'année 1816, Las Cases quitte l'île et rentre en Europe. En 1823, il publiera le *Mémorial de Sainte-Hélène*, considéré comme le testament politique de l'Empereur. Cet immense succès de librairie devient l'ouvrage de référence des bonapartistes. Napoléon y inscrit les bases du césarisme napoléonien : ordre et autorité associé à l'acceptation de l'héritage de 1789, souci de modernisation du pays et précurseur de la liberté des nationalités. À partir de cet héritage, son neveu, le futur Napoléon III, bâtira son propre corpus idéologique pour rétablir la dynastie napoléonienne sous le Second Empire (1852-1870).

Jaloux, notamment de la proximité entre Montholon et Napoléon, Gourgaud s'en va à son tour à la fin de l'année 1818. Resserré, l'entourage de l'Empereur est également terni par les querelles entre les épouses de Bertrand et de Montholon. La liaison entretenue par Albine de Montholon avec Napoléon est également source de conflit avec son époux, profondément amoureux. Finalement, en juillet 1819, Albine quitte Sainte-Hélène avec ses enfants. Désormais, tous semblent attendre avec impatience la mort du captif dont la santé se dégrade.

Les premiers signes du déclin physique de Napoléon remontent à 1817. Les années passant, Napoléon ne travaille plus mais passe de longues heures à lire. Finalement, Napoléon décède le 5 mai 1821 à l'aube. Bertrand rapporte que « *la nuit, l'Empereur avait prononcé le nom de son fils avant celui de "à la tête de l'armée". La veille, il avait demandé deux fois : "Comment s'appelle mon fils ?" Marchand avait répondu : "Napoléon"* ». Le débat sur cette mort n'est pas clos. Une autopsie a été pratiquée mais elle n'apporte pas de conclusion claire sur les raisons du décès. Différentes théories ont donc été formulées. Pour les uns, l'aggravation de l'ulcère de l'Empereur en serait la cause. Une autre école défend la théorie d'un empoisonnement à l'arsenic. Les meilleurs spécialistes de la période napoléonienne demeurent attachés à la première hypothèse. Par ailleurs, les problèmes hépatiques ou rénaux de Napoléon permettent d'affirmer que, de toute façon, son état général était tellement dégradé que le décès peut être multifactoriel.

De la légende à une mémoire contestée

Dès la campagne d'Italie, Bonaparte s'est préoccupé de bâtir sa renommée. Le culte napoléonien repose ensuite sur un socle solide mis en place sous l'Empire : catéchisme impérial, presse, *Bulletins de la Grande Armée* ou encore Saint-Napoléon, fête nationale fixée au 15 août. Comme Louis XIV un siècle plus tôt, Napoléon a également su mobiliser les artistes pour chanter la grandeur de son règne. Les peintres David, Gros, Girodet, Gérard ou Ingres, les sculpteurs Canova ou Chaudet, les architectes Fontaine, Percier ou Chalgrin mettent leur talent au service du régime.

Sous la Restauration, les adversaires de l'Europe monarchique trouvent dans le Napoléon présenté par le *Mémorial de Sainte-Hélène* une icône commune. Les écrivains alimentent également la légende : *L'Ode à la colonne* de Victor Hugo, Balzac (Goguelat dans *Le médecin de campagne*) ou Stendhal (Fabrice dell'Dongo dans *Le Rouge et le Noir*). Le très royaliste Chateaubriand reconnaît lui-même que Napoléon n'a pas pu conquérir le monde de son vivant mais l'a fait dans la mort. Même les défaites sont sublimées par la mémoire collective, à l'instar de « *Waterloo morne plaine*[12] ».

La légende bénéficie à partir de 1830 de l'appui du régime officiel. Louis-Philippe souhaite utiliser le souvenir napoléonien pour mieux éteindre toute opposition bonapartiste. Le point d'orgue de cette politique est le retour des cendres de l'Empereur de Sainte-Hélène en 1840. La chute de Louis-Philippe ne doit rien aux bonapartistes mais elle rend possible l'accession à la présidence de la République de Louis-Napoléon en 1848. Monté sur le trône en 1852 sous le nom de Napoléon III, le nouveau napoléonide prolonge la légende (médaille de Sainte-Hélène par exemple).

L'épopée de l'Empereur traverse la littérature au XIXe siècle ; elle est transposée au cinéma au siècle suivant. Dès 1897, les frères Lumière lui consacrent l'un de leurs premiers films. En 1927, le *Napoléon* d'Abel Gance est un monument du cinéma muet. Albert Dieudonné, le rôle principal, restera imprégné de celui-ci jusqu'à la fin de sa vie. Marlon Brando, Tony Curtis, Roland Blanche ou encore Philippe Torreton se couleront ensuite

12. Voir l'excellent ouvrage de Jean-Marc Largeaud, *Napoléon et Waterloo : la défaite glorieuse de 1815 à nos jours*, Paris, La Boutique de l'Histoire, 2006, 462 pages.

dans la petite redingote grise. Sacha Guitry s'intéressera également au personnage (*Napoléon*, en 1954).

Mais la mémoire collective retient également Napoléon pour avoir mis en place les éléments d'une tradition politique française, le bonapartisme. Ce courant repose sur l'attente d'un grand homme dans les moments difficiles de l'histoire nationale. La famille de l'Empereur a d'abord incarné cette attente mais ce lien s'étiole peu à peu. Il s'éteint à la veille de la Seconde Guerre mondiale selon la volonté même du prince Louis-Napoléon. Entre-temps, d'autres figures ont incarné la même tradition : le général Boulanger dans les années 1886-1889, Clemenceau pendant la Première Guerre mondiale, Pétain à certains égards (même si ses idées politiques sont à contre-courant du bonapartisme), et surtout de Gaulle.

La Ve République comprend bien des héritages de la pratique politique napoléonienne, comme le référendum, un chef d'État qui se place « *au-dessus de la mêlée* » des partis et qui concentre les principaux pouvoirs... Certes, le fonctionnement démocratique du régime le distingue fondamentalement des pratiques de l'Empire. Pourtant, la presse a souvent caricaturé les chefs d'État, plus particulièrement ceux issus de la droite gaulliste, sous les traits des Bonaparte.

Après les périodes dominées par la légende et le bonapartisme, la mémoire napoléonienne s'essouffle aujourd'hui en France. Est-ce parce que l'Histoire impartiale a effacé toute instrumentalisation du récit national mythique ? Est-ce parce que les débats mémoriels sont devenus des brûlots qui incendient la société française ? Paradoxalement, la mémoire de l'Empereur semble aujourd'hui plus vive dans le reste de l'Europe et du monde qu'en France. À travers le parcours et l'œuvre de Napoléon, c'est tous les paradoxes de l'héritage de la France comme porteuse dans le monde des valeurs de 1789 qui sont en question. Ne pourrait-on pas affirmer que « *le grand Empire préfigure l'Empire colonial et Waterloo Dien Bien Phu* » ?

Indications bibliographiques

Sources imprimées, mémoires et correspondance

(Ne sont ici indiqués que des exemples de mémoires ayant le plus participé à la légende napoléonienne)

COIGNET, *Les cahiers du capitaine Coignet*, Paris, Arléa, 2001.

LAS CASES E. de, *Mémorial de Sainte-Hélène*, Paris, Gallimard, « La Pléiade », 1956.

MARBOT M. de, *Mémoires du général baron de Marbot*, éditions annotée par J. Garnier, Paris, Mercure de France, 2001, 2 tomes.

Mémoires de Napoléon, édition présentée par T. Lentz, Paris, Tallandier, 2011, 3 tomes.

Napoléon 1er, *Correspondance générale*, Paris, Fayard, 2004-2012, 12 volumes (publication complète en cours ; pour la fin de l'Empire, recourir à *Correspondance de Napoléon Ier publiée sur ordre de l'empereur Napoléon III*, Paris, Tchou, « Bibliothèque des introuvables », 2002, 16 volumes (réédition).

Bibliographie

Ces indications se limitent aux publications ou rééditions les plus importantes de ces dernières années (quelques travaux sont également signalés en notes de bas de page).

Outils et instruments de travail

CHAPPEY J.-L. et GAINOT B., *Atlas de l'Empire de Napoléon Ier (1799-1815) : ambitions et limites d'une nouvelle civilisation européenne*, Paris, Autrement, 2008.

TULARD J. (dir.), *Dictionnaire Napoléon*, Paris, Fayard, 1999, 2 volumes.

Biographies de Napoléon Ier

ENGLUND S., *Napoleon: A Political Life*, New York, Scribner, 2004.

MASCILLI MIGLIORINI L., *Napoléon*, Paris, Perrin, 2004.

TULARD J., *Napoléon ou le Mythe du sauveur*, Paris, Hachette Littératures, 2008 (réédition).

Histoire du Consulat et de l'Empire

BOUDON J.-O., *Histoire du Consulat et de l'Empire, 1799-1815*, Paris, Perrin, 2000.

LENTZ T., *Nouvelle histoire du premier Empire*, Paris, Fayard, 2002-2010, 4 volumes.

PETITEAU N., *Les Français et l'Empire (1799-1815)*, Paris, Boutique de l'Histoire, 2008.

Histoire militaire, armée et marine

LÉVÊQUE P., *Les officiers de marine du premier Empire : étude sociale*, Paris, Service historique de la Marine, 2003, 2 volumes.

PETITEAU N., *Guerriers de l'Empire : expériences et mémoires*, Paris, Les Indes savantes, 2011.

BERTAUD J.-P. et SERMAN W., *Nouvelle Histoire militaire de la France. Volume 1 : De la révolution à 1918*, Paris, Fayard, 1998, 855 pages.

SIX G., *Les généraux de la Révolution et de l'Empire*, Paris, Bernard Giovanangeli, 2002 (réédition).

La France, l'Europe et le monde

AYMES J.-R., *L'Espagne contre Napoléon : la guerre d'indépendance espagnole 1808-1814*, Paris, Nouveau Monde éditions, 2003.

KERAUTRET M., *Les grands traités de l'Empire : de l'Empire au Grand Empire 1804-1810*, Paris, Nouveau Monde éditions, 2004.

TULARD J., *Le grand Empire 1804-1815*, Paris, Albin Michel, 2009 (réédition).

Histoire économique et sociale

BERGERON J. et CHAUSSINAND-NOGARET (dir.), *Grands notables du premier Empire, notices de biographie sociale*, Paris, éd. du CNRS, 1978-2011, 29 volumes.

PETITEAU N., *Élites et mobilités : la noblesse d'Empire au XIXe siècle (1808-1914)*, Paris, Boutique de l'Histoire, 1997, 714 pages.

TULARD J., *Les Français sous Napoléon*, Paris, Hachette Littératures, « Pluriel », 2009 (réédition).

Histoire religieuse

BOUDON J.-O., *Napoléon et les cultes : les religions en Europe à l'aube du XIXe siècle*, Paris, Fayard, 2002.

BOUDON J.-O., *Les élites religieuses à l'époque de Napoléon : dictionnaire des évêques et vicaires généraux du premier Empire*, Paris, Nouveau Monde éditions, 2002.

Art et culture

BONNET J.-C. (dir.), *L'Empire des muses : Napoléon, les arts et les lettres*, Paris, Belin, 2004.

CHAILLOU D., *Napoléon et l'opéra, la politique sur la scène*, Paris, Fayard, 2004.

Légende napoléonienne

BOUDON J.-O., *Les habits neufs de Napoléon*, Paris, Bourin éditeur, 2009.

PETITEAU N., *Napoléon, de la mythologie à l'histoire*, Paris, Seuil, 1999.

Table des matières

PEFC
PEFC/10-31-1316

Imprimé en France. - JOUVE, 1, rue du Docteur Sauvé, 53100 MAYENNE
N° 864186E. - Dépôt légal : mars 2012